春是一首悠扬的歌

中学生成长中的那些事

张春晓◎著

燕山大学出版社
·秦皇岛·

图书在版编目（CIP）数据

青春是一首悠扬的歌：中学生成长中的那些事 / 张春晓著. —秦皇岛：燕山大学出版社，2023.3

ISBN 978-7-5761-0430-1

Ⅰ. ①青… Ⅱ. ①张… Ⅲ. ①中学生－心理健康－健康教育 Ⅳ. ①G444

中国版本图书馆 CIP 数据核字（2022）第 258097 号

青春是一首悠扬的歌
——中学生成长中的那些事

张春晓 著

出 版 人：陈 玉			
责任编辑：孙志强		策划编辑：孙志强	
责任印制：吴 波		封面设计：刘馨泽	
出版发行：燕山大学出版社 YANSHAN UNIVERSITY PRESS		电 话：0335-8387555	
地 址：河北省秦皇岛市河北大街西段 438 号		邮政编码：066004	
印 刷：英格拉姆印刷(固安)有限公司		经 销：全国新华书店	
开 本：170mm×240mm 1/16		印 张：15.75	
版 次：2023 年 3 月第 1 版		印 次：2023 年 3 月第 1 次印刷	
书 号：ISBN 978-7-5761-0430-1		字 数：197 千字	
定 价：61.00 元			

版权所有 侵权必究

如发生印刷、装订质量问题，读者可与出版社联系调换

联系电话：0335-8387718

自 序
感谢学生

感谢学生,是他们让我们在师范院校学的本领有了用武之地。

感谢学生,是他们让我们身处一个永远生气勃勃的世界。

感谢学生,是他们让我们领略了一个个别样的生命。

感谢学生,是他们让我们的教育理想次第开花。

感谢学生,是他们让我们收获了真挚的感情。

感谢学生,是他们见证了我们的年轻。

感谢学生,是他们冲我们喊老师好。

感谢学生,是他们与我们共一程。

当你学会了感谢他们，你就会有意识地提醒自己先别着急，再等一等。

你就会有意识地跟自己说我也这样过，我也曾年轻。

你就会让自己的心越来越柔软，目光却更坚定。

感谢学生，感谢命运安排的每一场相遇。地球这么大，有缘成师生。

感谢学生，感谢上天布置的每一段旅程。人生这么短，有缘并肩行。

身为教师，懂得感谢学生，是一种智慧，也是一种情怀。

身为教师，被学生感谢，是一种成就，也是一种幸福。

感谢学生，让一片水能拥抱另一片水，汇聚成浩浩荡荡。

感谢学生，让一棵树能引领另一棵树，站立为郁郁葱葱。

感谢学生，如果没有他们，就没有这本以他们为主体的书。

老师们，感谢我们的学生吧，当桃李满天、弦歌遍地之时，我们就是这世上最富有的耕耘者。

人们把这耕耘者，唤作园丁。

| 目录 |

青春是一首悠扬的歌·目录

净能生美 //001

静能生慧 //004

敬能生德 //007

竞能生优 //010

警能生畏 //013

生而为人 //016

谈"朋友" //020

择友同行 //023

常常心疼 //027

一点点儿靠近文明 //030

心中有他人 //033

没有人是一座孤岛 //037

公共意识 //040

出口成脏 //044

悲剧人生 //047

自律的好处,你不一定知道 //050

懒惰是生活的死亡 //054

站起来,就是一道风景!
　　——鼓励学生主动参与课堂 //059

把每件简单的小事做好就是不简单 //062

人得自个儿成全自个儿 //065

态度问题 //068

我们永远都做不好我们意识之外的事 //073

难怪她如此让人喜欢 //076

知耻近乎勇 //078

好学近乎知 //081

力行近乎仁 //084

人而无信,不知其可 //087

闲时吃紧,忙里悠闲 //091

我,是自己的礼物 //093

那些喜欢干家务的孩子 //096

延迟满足 //100

拖延是一种病 //103

善于幸福 //106

老家的路 //109

追求即是青春本身 //113

坚持很酷 //116

劝你幽默 //119

目录

胸有激雷，面如平湖 //123

一切皆有可能 //128

俭以养德 //133

世上最可怕的人 //137

一直做下去 //141

不断拆除自己的天花板 //145

认真的人只错一次 //148

认真把事做对，用心把事做好 //151

痛苦是对自己无能的一种愤怒 //155

保护好自己就是在保护自己的家 //158

因为有你，心存感激 //161

中学生应该了解的十种心理学效应 //164

中学生应该了解的六种逻辑谬误 //167

推荐中学生精读的十本好书 //169

推荐中学生细品的十部好电影 //174

不妨做这样的高富帅 //181

习惯复盘 //186

人生几何 //189

断舍离 //192

拷问灵魂 //195

青春梦一场，相聚的时光
　　——给 2010 届毕业生的最后一讲 //197

记忆的白鸽
　　——给 2011 届毕业生的最后一讲 //201

人流如织 //205

与你同在
　　——写给 2015 届 535 班毕业生 //208

视线的尽头
　　——写给 2016 届 583 班毕业生 //211

温暖相拥 //214

云中谁寄锦书来 //222

倾盖如故 //225

生命中最动人的时刻 //228

此去经年 //230

重逢的时候 //234

跋 //240

净能生美

我常跟我的学生说：我们可以不漂亮，但必须洁净。净能生美。

把脸洗干净，穿一身可以不华贵但必须得体的衣服，敢露齿微笑，因为我们刷过牙；不会被头皮屑点染得"发如雪"，因为我们洗过头。我们桌子上的物品整整齐齐，地面干干净净，除了清洁工师傅外，属于我们的责任区可能只有一平方米。我们很难做到改天，但我们一定可以换地。一平方米，我的地盘听我的。

我们不乱扔废纸，看到废纸，我们会自然而然将其捡起来。虽说越大的校园人越多，垃圾也相应越多，但只要每个人都能做到不乱扔废纸，并主动捡拾别人不小心掉落的废纸，校园就一定是干净的，多大的校园都可以。

我读大学时，好多宿舍尤其是男生宿舍不叠被子的也大有人在，就更不用说扫地墩地了。我记得在我所在的宿舍又一次被评为卫生先进宿舍并领到洗衣粉时，隔壁宿舍的一个哥们儿到我们宿舍看了一眼然后说："靠，都上大学了，你们还叠被子呢？"我到他们宿舍去过几次，气味很"特别"。他们一开始吃饭趴桌子，后来桌子都是油污菜痕了就趴凳子，凳子脏了就在上面铺张报纸，第一张报纸脏了在第一张上铺第二张，然后在第二张上铺第三张……他们宁肯辛辛苦苦找报纸，也不会把凳子擦一下。

教书这些年，听到过更离谱的事情，有的大学生雇钟点工打扫卫生……

我们培养的学生终有一天也会成为大学生这天之骄子群体中的一员，他们将如何表现呢？

每年到了旅游旺季，各景区每天都会清理出大批的废弃物，无论这景区的主题多么神圣庄严。更有甚者，烈士遗像上也会有"到此一游"的所谓"纪念"。看到名山上随处可见的塑料袋，看到大川中随波漂流的矿泉水瓶，看到烈士陵园零零落落的易拉罐甚至便溺痕迹，"美"，早已成了枯藤老树昏鸦，远离了小桥流水人家。

2013年10月1日国庆节，11万人涌至天安门广场冒雨看升旗，不可谓不热情。但是在人群散去之后，保洁人员清走了5吨垃圾。2012年更甚，460位清洁工国庆节一天时间内清走了8吨垃圾，也就是16000斤垃圾。唱着国歌吃零食，一口二用，也真是不容易。

这些游客在国内旅游时出现这种现象，叫不文明。在国外旅游时出现这种现象，就让人家嘲讽咱们是"中国特色"了。

伏尔泰说："发生雪崩的时候，没有一片雪花认为自己是有责任的。"

净能生美，反之亦然。

我们培养的学生有一天也会成为旅游大军中的一员，他们又将如何表现呢？

如果一个人穿着打扮邋里邋遢，所在地方一片狼藉，那么只有一种解释：他的内心深处一定是认可自己脏的，要不然他一定无法容忍自己是这个样子，自己所在的地方是这个样子。一个人的外在表现和心理机制，基本上是吻合的。

君不见猪在猪圈里也是很开心的，它们滚一身臭黑泥，然后躺在那里晒太阳，舒舒服服，很是惬意。

其实每个人都可以让自己诗意地栖居在大地上，只要你爱自己，注重自己的形象，注重群体和国家的形象，你就可以收获美，并收获尊重。

想想吧，每天走出家门，空气清新，蓝天白云；地面如洗，绿树青草。到街上，人头涌动，都干干净净；去旅游，摩肩接踵，都呵护环境。每一面国旗都能收获真正的尊重，每一片土地都能感受到浓浓的温情，这个世界，该多么美好。

我知道我们游客的素质在逐渐提高，但我希望可以提高得再快一些。

净能生美，各美其美，美美与共，天下大美。

干净就是最好的风水，每个人都应该用自己最美的姿势活着。

不要在不修边幅时怪我不了解你，如杨澜所说：没有人有义务必须透过连你自己都毫不在意的邋遢外表去发现你优秀的内在。

2018-11-21

静能生慧

道家言："灵台清静，静能生定，定能智慧生。"佛家云："静能生慧，慧能生智。"《昭德新编》说："水静极则形象明，心静极则智慧生。"诸葛亮的《诫子书》更是围绕一个"静"字来谈修身养性。

静能生慧，静能开悟。

为何这样说？我的理解是只有清静下来我们才能与自己的灵魂彼此观照，在这种观照中荡涤杂念，发现真我。而这发现真我的过程即生慧的过程。

前几年有句话很流行：不要打扰我，我只想做一个安静的美男子。该安静的时候就让自己安静下来，确实是一种很美的姿态。

我认为在学校就读的学生收获智慧的途径有三个：一是品读经典，二是思考问题，三是反观内心。而这三者，都需要一个安静的空间。菜市场里读《红楼梦》，KTV里扮罗丹"思想者"，酒吧里揽镜自照，皆为荒唐之事。我们的教室若成了菜市场、KTV或酒吧，则很难造就有智慧的学生。

静能生慧

可是，有的学生偏偏喜欢大喊大叫。教室里课间大喊大叫，宿舍里午晚休睡觉前也大喊大叫，甚至有偷偷搞卧谈会的。如果是为了情感的宣泄，倒还可以理解。但若纯粹是为了打发无聊，就没什么意义了。何况当你在教室大喊大叫的时候你身边的伙伴可能正在伏案追梦，当你在宿舍卧谈的时候你身边的舍友大多正在相会周公。那对别人来说就是一种干扰。如果别人恰巧在生慧的紧要关头，那么你的喧嚷可能就会影响他人修成正果了。

入教室即静，熄灯后即睡，是对自身的尊重，也是对他人的成全。

达到一定安静境界的人能够抗拒干扰，抵制诱惑。无论外面的声音多刺耳，也能默默享受属于自己一个人的雨季；无论外面的世界多精彩，也能静静守候属于自己一个人的窗台。任你山呼海啸，我自岿然不动。静的智慧是比韧性与拼信念的智慧。

但静的大敌还不是上面所说的外界的干扰或诱惑，而是自身的聒噪和烦乱。聒噪烦乱者有两病：一耳聋，二心盲。耳聋则听不到真知灼见，心盲则悟不得至理箴言。"慧"字下面是个"心"字，心盲的人是不可能收获智慧的。

梭罗一个人到了瓦尔登湖，收获了极简生活的大智慧；史铁生一个人到了地坛，收获了"好好儿活"的大智慧。有些关，注定要一个人过；有些路，注定要一个人走。因为玄关重重，要想冲破玄关，我们就要先静下来搞清楚玄关在哪里；因为黑暗层层，要想走出黑暗，我们就要先静下来问问心中光明的来由。

静能生慧。狂犬吠日，少见多怪；吴牛喘月，疑神疑鬼。这两类人连基本的自持都做不到，更枉论生智慧这样的事了。

佛陀把智慧分为三种：闻慧、思慧、修慧。其中最关键的是修慧，而修慧的大前提就是静。心清静、意清静，智慧才会涌现。可是国人酒店吃饭时喜欢大喊大叫，好像不这样就没有气氛。国人开会时经常手机乱响，好像不这样就不能证明自己很忙、很重要。国人逛图书馆时有的也说说笑笑，好像越是破坏规矩就越能证明自己勇敢。静能生慧对这些人而言，肯定是一件特别搞笑的事，他们被"静能生慧"这四个字逗得哄堂大笑、前仰后合。怎么乱就怎么来，越乱越开心；怎么闹就怎么来，越闹越幸福。

我们的学生早晚也会去酒店吃饭，也会面临这会那会，也会领着孩子去逛图书馆。他们将来的表现会是气质绝佳的绅士淑女，还是聒噪无比的乌鸦麻雀呢？

净能生美，只需打理好自己的一平方米；静能生慧，只需守住自己的一颗心。

"净"字和"静"字中都有一个"争"字，可见，能做到干净和安静，本就是一种有竞争力的体现。

宠辱不惊，闲看庭前花开花落；去留无意，漫随天外云卷云舒。这种清静淡泊的态度本身，不就是一种莫大的智慧么？

心清水现月，意定天无云。静能生慧，请为你的素心修篱种菊。

2018-11-22

敬能生德

敬，德之聚也。能敬必有德。

——《左传·僖公二十三年》

此句翻译成白话文：敬是诸种美德的集中表现，能做到真诚而恭敬，必是有德之人。

对于中学生而言，不认真听课就是对认真备课的老师最大的不敬，不好好求学就是对辛辛苦苦接送自己的家长最大的不敬。尊敬自己的学业就是尊敬自己、尊敬老师和家长。

中学生层面的"敬"可以具体表现为四个方面，即爱国、孝亲、尊师、重友。

为何要爱国？因为只有她强大了，我们每一个人才有安宁。我们并非生在一个和平的时代，只是生在一个和平的国度。爱国就会在升旗时保持肃静，而不是有说有笑。爱国就会在走到为国牺牲的烈士陵寝时心怀感激，而不是随地乱丢东西。那些骑在烈士铜像上摆拍的人，根本不知"国"为何物、"敬"为何物。

为何要孝亲？因为父母长辈是我们生命的来源。我们体内有他们的血脉。"孝敬""孝敬"，无"敬"何来"孝"？子游问什么是孝，孔子说："今天许多人把孝单纯理解为赡养父母。狗和马不也有人养吗？如果不尊敬父母，与养狗养马有什么不同呢？"可是这世上还有连赡养父母都不愿意去做的人。让我怀疑他们都是孙猴子，石头才是他的妈。作为中学生，对家长起码的孝敬就是不让他们操心。我始终坚信，一个优雅从容的母亲背后，多数都有一个懂事上进的孩子。反之，一个憔悴凄惶的母亲背后，也多数都有一个叛逆乖戾的孩子。

　　为何要尊师？因为老师可能是这个世上除了你的亲人之外真心为你的前途命运皱眉担忧的人。嘉庆帝的老师王杰性格耿直，曾因嘉庆课业不过关而对嘉庆执行罚跪的处罚。有一次乾隆撞见此事，让嘉庆站起来，并敲打王杰道："教者天子，不教者天子，君君臣臣乎！"王杰见状答道："教者尧舜，不教者桀纣，为师之道乎！"乾隆也只能借故离开。那些护犊情切怒怼老师的家长，那些谩骂老师甚至对老师动手的学生，肯定不知道老师的不易和用心。

　　为何要重友？师出同门为"朋"，志同道合为"友"。既然已经志同道合了，又为何不敬重对方呢？若志同道合者又恰好是你的同班同学，那你们就可以互称朋友了。国家略显抽象，亲人终会离去，老师相伴时短，只有朋友是经常见面的。所以更应该相互尊敬，相互珍惜。快乐时一起分享，痛苦时一起分担，危难时守望相助。

　　除此之外，我们还应尊敬每一个值得尊敬的人，无论他从事什么职业，地位高低。我们还应尊敬身边的一草一木，一山一水。如果我们的伦理道德只限于同类，那么这道德充其量是一种伪道德。不要拼命鸣笛，给惊慌失措的小狗一段过马路的时间；不要乱刻乱画，给无法喊疼的树木一个相对安全的空间。我们要学会对一只小鸟说你好，对一棵老树说抱歉。

敬能生德

英国"二战"的时候有一张照片流传得非常广,当时的英国国王爱德华到伦敦的贫民窟进行视察,他站在一个东倒西歪的房子门口,对里面一贫如洗的老太太说:"请问我可以进来吗?"我们常把"富"与"贵"二字并举。其实富者不一定高贵或尊贵。君不见所谓老板在饭店里啪啪拍桌子嫌上菜晚,君不见所谓贵妇在公园里遛狗任其随地大小便。这是土豪,不是贵族。

敬能生德。有的时候人与人之间只需多说一句体谅的话,或少说一句伤人的话就可以避免很多纠纷甚至流血事件。"良言一句三冬暖,恶语伤人六月寒"说的就是这个道理。尊敬别人,才能收获别人的尊敬。所以懂得尊敬别人的人,才是真正有自尊心的人。

我认为和谐社会这一目标的达成,最简单易行的途径就是敬天、敬地、敬人、敬己。核心就是一个"敬"字。如果每个人都温文尔雅、彬彬有礼,都知道体谅他人、心存万物,那么这个世界就一定会成为一个让人安心暖心的乐国。

黑格尔说:"人应尊敬他自己,并应自视能配得上最崇高的东西。"

敬能生德。当你尊敬这个世界的时候,这个世界才真正属于你。

2018-11-23

竞能生优

沙虎鲨子宫中的胚胎会自相残杀，这在自然界中是非常罕见的现象。沙虎鲨胚胎发育至 100 毫米长度时，就会残忍地吞食比自己更小的"弟弟妹妹"。一旦所有的小胚胎都被吞食，沙虎鲨胚胎就会吞食母亲体内的未受精卵。我觉得没有比沙虎鲨胚胎自相残杀这件事更能说明"物竞天择，优胜劣汰"这个道理的事情了。

大部分植物都有顶端优势现象，即顶芽优先生长而侧芽受抑制的现象。当然，如果顶芽因为某种原因停止生长，侧芽就会迅速生长，绝不会傻乎乎地等着顶芽复苏。

你死我活，动植物如此，人类亦然。

不用说竞争的最极端表现——战争，哪怕是体育赛事如世界杯足球赛，到了最后的冠军争夺战，也一定要比个输赢、分个高低。常规时间踢平就加时，加时再平就点球，点球再平就再来一轮。反正只要踢不死，就往死里踢。

竞争，就是这样残酷，却也带有一种或崇高或悲壮的美。了不起的

竞能生优

胜者崇高，了不起的败者悲壮。竞能生优，人类也正是在一次次竞争中不断前进、不断超越的。不想超越马车，就不会有火车；不想限于人脑，这才有了电脑。

与同类中的佼佼者竞争，独孤求败了就与自己竞争、与人类的极限竞争。何况，只要人类还在，我们就不知道自己的极限在哪里，这就是竞争的迷人之处。海到无边天作岸，山登绝顶我为峰！

去翻一翻吉尼斯世界纪录吧，你一定会被里面的很多数字吓到，而且这些数字还在不断地被刷新。李小龙的出拳速度非常快，正常速度播放电影会让观众看花眼，所以播放时故意放慢了速度。这与咱们平时知道的拍摄时放慢动作，放映时加快速度正好相反。你要说你崇拜李小龙，我真的没话说。

有档节目叫《挑战不可能》。有的看起来真的不可能，但还是被那些挑战者们一一挑战成功。看多了之后我想说，只要能挑战成功，就不叫不可能，甚至说只要这件事可以被挑战，就一定有可能挑战成功。还有一档节目叫《最强大脑》，看完之后，只有一种感觉——我的智商好像余额不足。

作为学生，我们可能做不到欲与天公试比高，但是我们一定可以做最好的自己。

很多孩子特别讨厌家长拿自己跟别的孩子比，"别人家的孩子"是很多孩子童年的阴影，或者一生的敌人。不过我想说的是，如果你的家长拿那些天赋远远比你好的人跟资质平庸的你相比，那确实是欺负人，他们应该先问问自己的遗传基因够不够优秀；如果你的家长拿某方面优秀但其他方面远远不如你的人跟你相比，那也确实是欺负人，他们也应该先问问自己是不是德智体美劳全面发展。

但是如果家长拿一个天赋与你相当甚至还不如你的人，跟你比你们两个都主动选择做的同一件事，就理所当然。不比，怎么看到差距？怎么弥补不足？怎么精益求精？怎么谋求发展？

竞能生优，逃避竞争或者厌烦竞争，除了滋生懒惰或者导致堕落外，没有别的结果。

周国平说："平庸是对生命最大的不尊重。"你可能会说这世上大部分人是平庸的，卓越者只是少数。我高度认同你的观点，所以我想改一下周先生这句话——甘于平庸是对生命最大的不尊重。这么说没问题了吧？你可以平庸，但你必须奋斗；你可以不奋斗，但至少不能傻美。

"饥不择食，寒不择衣。慌不择路，贫不择妻。"这些古话虽略显迂腐，但确实是有道理的。

竞能生优。只有足够优秀，才有选择的机会，无论之于爱情，还是之于事业。

年轻人，不能太佛系。躺平太久了，乍一起来，头会晕的。

竞争需要一股劲儿，一股不服输的劲儿，一股舍我其谁的劲儿。竞争就要盯紧对手，享受竞争的人都明白——对手，是成就我们的另一只手。

诗人郭小川说："愿每次回首，都不会对生活有所负疚。"我说："愿每次投入竞争的洪流，你我都会变得越来越优秀。"

竞能生优，无论何时何地，让自己变得更好更强大，都是我们赢取尊严的重要砝码。

2018-11-29

警能生畏

警可组词为警告,即提醒,使警惕;可组词为警戒,即注意,并戒备。

无论警惕还是戒备,都告诉我们——警能生畏。

净能生美,只需打理好自己的一平方米;静能生慧,只需守好自己的一颗心;敬能生德,只需斟酌出口的每句话;竞能生优,只需拿出命里的一股劲儿;警能生畏呢?只需退身在理性思维中的一条线——警戒线。

对于中学生而言,我认为第一条警戒线是珍惜自己的生命。

有这样一个段子。一女子轻生,从十一楼跳下之后,看到十楼的恩爱夫妻正在互殴,九楼平时坚强的 Pete 正在哭泣,八楼的阿妹发现未婚夫跟最好的朋友在床上,七楼的丹丹在吃她的抗抑郁药,六楼失业的阿喜还是每天买七份报找工作,五楼受人敬重的罗老师正在偷穿老婆的内衣,四楼的 Rose 又和男友闹分手,三楼的阿伯每天都盼望有人拜访他,二楼的莉莉还在看她那结婚半年就失踪的老公的照片。这女子忽然觉得自己过得还算不错,她觉得自己应该好好活着,就在她要被摔死之前。

百度搜索"中学生跳楼",弹出了373万个相关信息。以2017年9月为例,9月7日,南京一初三学生跳楼;9月14日凌晨2时许,城固一中一学生从学生公寓楼五楼坠亡;同一天,汉中一高一男生坠楼;9月16日,合肥十岁男生坠楼;9月17日,杭州一名四年级小学生跳楼;9月18日,湛江一名高中生跳楼;同一天,无锡一初三女生坠楼;9月20日,安徽一聋哑学生欲跳楼。

人生还未开始,便自动关机,留一面黑屏给家长,留一片空白给未来。生命是上天绝无仅有的一次赐予,有什么大不了的事,让这些少男少女如此极端?植物界的昙花一现即休,动物界的蜉蝣朝生暮死,但照样会活出自己的精彩。身为万物之灵的人类,大好年华,为何与这个世界交手了几个回合便宣布放弃呢?如果他们看过那十一楼的女子因坠亡前所见而后悔轻生的故事,是否还会作如此选择?如果他们知道自己会给家人带来无尽的伤痛,是否还会如此草率?

生命教育才是最不应该缺席的一门功课啊。

第二条警戒线是敬畏他人的生命。

百度搜索"校园欺凌",会弹出1900万条信息。校园欺凌大概有12种表现形式:1.叫受害者侮辱性绰号;指责受害者无用。粗言秽语、喝骂。2.对受害者的重复的物理攻击,用身体或物件。拳打脚踢,掌掴拍打,推撞绊倒,拉扯头发。3.干涉受害者的个人财产、教科书、衣裳等,嘲笑受害者。4.欺凌者明显地比受害者强,而欺凌是在受害者未能保护自己的情况下发生的。5.传播关于受害者的消极谣言和闲话。6.恐吓、威迫受害者做他或她不想做的,威胁受害者跟随命令。7.让受害者遭遇麻烦,或令受害者招致处分。8.中伤、讥讽、贬抑评论受害者的体貌、性取向、宗教、种族、收入水平、国籍、家人或其他。9.分派系结党,孤立或排挤受害者。10.敲诈,强索金钱或物品。11.画侮辱画。12.网上欺凌，即在网志或论坛上发表具有人身攻击成分的言论。

我曾看过一些校园欺凌的监控视频。三四个穿着校服的女生把另一个穿校服的女生堵在墙角，轮番上前撕扯其头发，怒扇其耳光，边打边骂"贱人"。我到现在都不明白是什么样的仇恨让这些如此幼小的孩子如此狠辣，又是什么样的家庭让这些幼小而狠辣的孩子丝毫不知敬畏。我不想称其为人，她们顶多算是人体动物。

类似这种情况会对受害者的身心产生不良影响，严重的甚至导致受害者重度抑郁或轻生。尊重生命，敬畏生命，是每一个中学生、每一个公民都应该做的事。

第三条警戒线是不做对不起"学生"二字的事。

不抽烟不吸毒，不作弊不抄袭，不随便在外留宿，踏踏实实求学，而不是整天放飞自我，被家长和老师求着学。

警为何能生畏？因为轻生的人如果泉下有知多半会后悔；因为伤害他人的人若锒铛入狱或怵然梦醒也多半会愧疚；因为不好好学习，终有一天会为自己的不努力付出代价！

"好好学习，天天向上"，短短八个字，却是每一个学生都应恪守的信条。

生畏才能自省，自省才能纠正，纠正才能大踏步前行！

都说勇者无惧，但什么都不怕的人，必是危险人物。

警能生畏，当我们心存敬畏之心的时候，我们才有可能被这个世界温柔以待。

2018-11-30

生而为人

生而为人，应自重自爱，奋发图强。不应自暴自弃，妄自菲薄。

人的大脑有 100 亿个神经细胞，每日可记录 8600 万次资料。在 1 秒钟之内，可产生 10 万次化学反应。注意，我们是智慧生命，理应有所辨别，有所创造，既能恪守底线，又能谋求发展。

人的每只眼睛约含 1.2 亿个视杆细胞，它给人以黑、白视觉，还含有 700 万个视锥细胞，它为人提供色觉，形成"彩色"则是人脑综合处理的结果。在夜间理想条件下，站在山顶上可清晰地看到 80 公里以外的火柴光焰。人眼可以辨别超过 800 万种深浅不同的色调。人眼一年中上下左右的运动至少有 3600 万次，而眼皮开合有 9400 万次。我们拥有这样一双眼睛，就不应该辜负这世间的种种美丽。

人耳有 10 万个听觉神经细胞，它将大小声音调节后，清晰地传至脑部，使人能分辨出各种声音。我们拥有这样一双耳朵，就不应该辜负这世间的种种天籁。

人的鼻子里约有 1000 万个嗅觉细胞，平均每个能嗅出 4000 种气味，个别香水鉴别专家甚至可嗅出 1 万种气味。我们拥有这样一个鼻子，就不应该辜负这世间的种种清香。

人的舌面分布着 1 万个味蕾，每个味蕾又由 50～70 个味觉细胞组成。面对酸甜苦辣咸，我们不要挑挑拣拣。拥有这样一个舌头，就应该幸福地去品尝人生百味。

人的皮肤可以感觉出使其下陷 1/1000 厘米的触压，初为人母的妈妈竟能用嘴感觉出自己婴儿前额 0.0006 摄氏度的温差变化。我们都曾是妈妈怀里的孩子，为了妈妈这份神奇的感知能力，让我们听妈妈的话，别让她受伤。

我们的心脏约重 260 克，容积为 750 毫升，每次收缩时喷射到血管内的血液为 70 毫升，每分钟排血量为 5000 毫升，24 小时喷送血液 7500 千克，也就是 15000 斤。心脏每分钟跳动 60～100 次，一生跳动约 30 亿次，每天人体心脏跳动所产生的能量，可把 900 千克重的物体升高 1 米。人从出生到 50 岁的时候，心脏跳动所产生的能量能把 100 颗最重的人造卫星送入地球轨道。面对这样高频率高能量的跳动，我们怎能无动于衷？心想不能事成，但心恒一定可以事成。心脏一直在跳，心中有梦的你是否一直在路上？

我们的肺脏重 1000～1300 克，正常人每分钟通气量 4200～6600 毫升，人的一年大约要呼吸 1 亿次。呼就是出一口气，吸就是争一口气。

我们的胃在我们一生中要加工和处理 10～15 吨食物以及 50～80 吨水。这么多的食物和水，是转换为了我们为梦想而战的能量，还是仅仅用于让我们按部就班地老去？

我们的肾脏重约 300 克，由 400 多万个基本零件——肾单位组成，其内肾小管长度为 50～60 毫米，近球管的微绒毛总面积达 50～60 平方米。每分钟约有 1200 毫升血液经过两肾，大约 27 分钟就能将全身血液过滤一遍，将营养物质回收，将废料排出。我们能否像自己的肾一样，对一些知识，对所谓经验，取其精华，弃其糟粕呢？

我们全身皮肤的重量会超过个人体重的10%，我们一生大约要脱18公斤的皮，每隔大约27天皮肤会全部更新一次，知了蜕皮高歌，蚕蛹破茧飞翔，人每一次更新皮肤，也要长些出息才是。

如果把人体内的DNA全部解开，长度可达340亿英里，可以从地球到冥王星往返6次。我们的体内装着一个宇宙，我们怎能自轻自贱？

我们的双手能做出上亿个动作。我们的手结构精细，一只手就有8块腕骨、5根掌骨、14根指骨、59条肌肉和发达的神经、血管系统。在我们的一生中，除了睡觉以外，双手几乎从不休息。手指屈、伸至少2500万次。连小床上的婴儿也在不时地摆弄着手指。既然如此，我们所有双手健全的人，是不是应该全力以赴，用这双手去披荆斩棘或劈波斩浪呢？

人体小肠的内部都是皱褶，大皱褶中又有小皱褶，其中还有许多突起。如果把小肠拉直，那么小肠内壁的总面积约为200平方米，相当于半个网球场，"宰相肚里能撑船"是有道理的。既然如此，我们是不是应该少一些沮丧压抑，多一些豁达释然？

最后再说人的这张脸，人脸上共有44块肌肉。笑需动用6块肌肉，而哭需动用14块肌肉，动用肌肉越少，越不易生皱纹。所以说"笑一笑，十年少"是有科学依据的。多一些微笑，少一些眼泪。苦练七十二变，笑对八十一难。

人体的化学成分大概是这样的：60%是水，18%是碳，3%是氮，1.5%是钙，1%是磷，另外还有一些微量的矿物质，如铁、铜、锌、硼和硅等。按普通成人的标准来计算的话，这些大约相当于34升水、一袋12千克重的木炭、一根长1.2米的导火线中的硫、一枚6.5克的小铁钉等。这些化学物质的价值，换算成钱不过几百元。但是它们一旦形成细胞，进而组成器官，并成为万物之灵的人以后，便成了难以估量的珍宝。

生而为人

人类始祖级的云南元谋人，距今约 170 万年，更不用说生命诞生之初距今多少年了。人是空间的产物，更是时间的产物，我们每一次看到听到想到触到，我们的吃喝拉撒睡等行为，都是体内各部门协同作战的瑰丽成果。

生而为人，是多么可贵！

每个人都应有两条命，一曰生命，二曰使命。

珍惜生命的人不应轻言放弃，君不见就在此时此刻，无数绝症患者在与死神赛跑；牢记使命的人不应苟且活着，君不见就在此时此刻，无数追梦人敢与上帝比拼。

一撇一捺写个人，一生一世学做人。先做人，后做事；先成人，后成才。

愿每个人都能明确并尊重自己的属性。

注：以上数据均查自百度。

2018-11-27

谈"朋友"

东汉许慎《说文解字》上说:"朋,假借也,表示群鸟聚在一起的情形。"所谓"物以类聚,人以群分",即是此理。

朋友有真朋友,有假朋友。

真朋友与你交往的出发点不是为了让你高兴,而是为了让你变得更好;假朋友只会让你高兴,会不会让你变好不在他的考虑范围之内。

真朋友看重的是"道",假朋友看重的是"利"。

唐代先后杀死二王、一妃、四宰相的大太监仇士良在退休前曾向同僚传授过一套"驭君之道"。大概意思是你们要天天围着皇帝转,一直让他吃喝玩乐,醉生梦死,反正别让他读书,别让他亲近儒生,因为亲近了儒生,皇帝就会知道前代兴亡的道理,那么你们这帮人就会被疏远了。被疏远了,也就没权可弄了。

简而言之,把皇帝的朋友圈锁死,别让他交真朋友。真朋友远了,玩儿伴们才能大取其利。

真朋友不必每天跟你腻在一起,君子之交,其淡如水;假朋友常常

谈"朋友"

喜欢凑在一起，小人之交，甘之如醴。

苏轼与张怀民，在承天寺静赏无边月色，不说话，也能看出他们是真朋友。真朋友就是两人在一起一句话都不说也不觉得尴尬的人，完全可以你调你的素琴，我阅我的金经；假朋友如果不在一起聒噪咋呼几句，一定会影响"友情"的。

交真朋友的起点是尊重对方，亲疏随缘；交假朋友的起点是拉拢对方，利益交换。

一个温润如玉的君子，他只是谦恭有礼，待人友善，却并不刻意去经营一份友情，但是人们都愿意和他成为朋友。只要他们愿意，一定可以交友天下。真朋友让你的世界变得更开阔。

相反，一个没有朋友就过不下去，一个没有朋友帮着自己打发寂寞与无聊就痛苦不堪的人，哪怕平时有一堆所谓的朋友，甚至和这些"朋友"构建了一个排外的圈子，也只能让他的世界变得更狭隘。

真朋友凭原则与你交往，假朋友凭喜好与你交往。

魏征生怕太宗成不了尧舜，直言敢谏，太宗有时生气，但国家蒸蒸日上；

李林甫生怕玄宗成了尧舜，口蜜腹剑，玄宗往往欢喜，但国家江河日下。

那些让你抄作业，帮你骗老师甚至家长，和你荒废时光却从不规劝你半句的人一定不是你的真朋友，你们成为"朋友"不是因为志同道合，而是因为无聊或者寂寞。

有首老歌的前两句是这样的："千里难寻是朋友，朋友多了路好走。"第一句话规格很高，大有相识遍天下、知己能几人的孤独感。但第二句话却功利非常，交朋友就是为了路好走么？朋友是拐杖、路牌，还是车票？

这些年带班我都不组建班级微信群，都是组建 QQ 群，今年用的是钉钉群。因为使用QQ群和钉钉群只要家长在通讯录里点击我的头像就可以小窗口聊天，而微信群却必须得彼此加好友才能单独交流。我觉得连朋友都还不是，一加就是好友，未免太快了些。何况等重新一分班，大部分都成了僵尸好友，除了能壮大自己的好友群，除了在翻找某人的微信时用时更长，有多大意义呢？一般情况下，只要重新一分班或学生毕业了，我都会第一时间解散班群。事了拂衣去，深藏功与名。在带这伙儿学生时我一般都不加任何家长的微信，但若重新分班或毕业后孩子都已经不跟我了，家长还申请加我好友的，我会干脆利落地点击通过。因为我相信，这时的申请者肯定是走心的。走心的，咱一定要珍惜。

朋友，贵在走心。

前些年班上一个女弟子跟我说："老师，我感觉你跟我的距离太远了。"

我笑着回答她："那有什么关系，是同道就好了。"

只要是同道，哪怕距离再远，只要知道他和你的心在一起，只要知道他和你走在同一条路上，便已是最佳距离。就像三毛说的，哪怕距离再远，想起时都会在心头泛起温暖，这就是朋友。

如果你还不够格做一个真正的朋友，你所结交的一定也不会是真朋友。说白了，你只有涵养自己，丰富自己，温润自己，让自己成为一个君子，才能有真朋友。还有，因为你是这样一个你，无论走到哪里，人们都会爱你敬你，别说是朋友，甚至都能把你视为姐妹兄弟。

那么，扪心自问，你做到这些了吗？

愿你能拥有真正的朋友，这样的朋友不用太多，一个便已足够。毕竟，真正的朋友，是可遇而不可求的。一起犯犯错，一起吐吐槽，就成真朋友了，许慎就该笑了。

择友同行

孔颖达说同门曰"朋",同志曰"友",也就是说师出同门便是"朋",志趣相投即为"友"。如果既是同班同学,又彼此志同道合,就可以称之为"朋友"了。

"朋友"分很多种,有交情深厚的"挚友",有真诚纯朴的"素友",有坦诚相见直言相规的"诤友",还有交情深笃至死不相负的"死友";有不计贫贱的"杵臼之交",有自幼交好的"竹马之交",有不以贵贱而异的"车笠之交",还有友谊深厚的"金石之交",等等等等。那么对于中学生而言,应该选择什么样的朋友呢?孔夫子给的标准是友直、友谅、友多闻,即正直、诚信、见多识广。我觉得可以再简化一下。两点就可以,一是人品端正,二是态度端正。

人品端正中我认为最重要的是有同理心和同情心。

同理心即设身处地地对他人的情绪和情感的认知性的觉知、把握与理解。主要体现在情绪自控、换位思考、倾听能力以及表达尊重等与情商相关的方面。

同理心分为四个等级，第一等级的人很少从他人的角度思考问题，做事情很少考虑到他人的感受，沟通时无法引起对方的共鸣，对方也不愿意将自己的真实想法说出来，不愿意倾听。第二等级的人能够从别人的角度思考问题，做事情会考虑到他人的感受，与人沟通比较真诚，愿意将自己的一部分想法表露出来，能让人觉得被理解被包容，能够倾听。第三等级的人能够站在对方的角度考虑问题，想对方之所想，急对方之所急，能够使人不知不觉地将内心的想法、感受说出来，能够让人觉得被理解、被包容，能够用心倾听。最高等级的人将心比心，设身处地去感受和体谅别人，并以此作为工作依据，有优秀的洞察力与心理分析能力，能从别人的表情、语气判断他人的情绪，以对方适应的形式沟通。

简单说来，有同理心的人能做到心中有他人，不以自我为中心。他们不会违纪不断，让父母操心；不会好逸恶劳，让老师堵心；不会乱丢乱放，让环卫师傅累心；不会东拉西扯，让身边的追梦人乱心。他们不会一肚子的负能量，一脑子的垃圾情绪。他们深知自己拥有的一切都不是理所当然，他们怀着感恩的心。

心理学认为，同理心是亲社会性的重要表现。与有同理心的人同行，你会觉得这个世界美好而温暖。

同情心是指对某事（如另一人的感情）的觉察与同情感，能了解到他人或外物的痛苦，从而产生恻隐之心。如果说同理心是一种内在气质，那么同情心就是一种感情能力。

培根说："同情是一切道德中最高的美德。"我觉得最高的美德应该是博爱，但同情无疑是道德中很重要的一种美德。富有同情心的人也许不会成为什么大善人，但至少不会成为大恶人。

简单说来，有同情心的人能体察"众生皆苦"，不冷漠孤僻。他们不会鼓励想要轻生的人跳下来，不会用开水去烫蚂蚁，不会躲在暗处当键盘侠伤人，不会给同学起侮辱性的外号，不会在老师哑着嗓子坚持上课时无动于衷，更不会看到父母的辛苦后依然荒度光阴。

同情心是关怀、助人、分享以及道德感等社会品格养成与社会交往技能组成的基本元素。没有同情心的人就不会体会别人的感受，自然也谈不上关心别人、与别人分享了。

同情心是分担和感受别人忧伤的一种能力。与有同情心的人同行，你也会觉得这个世界美好而温暖。

有同理心的人大气，有同情心的人悲悯。大气者胸怀开阔，悲悯者胸怀温厚。胸怀开阔则世界广大，胸怀温厚则人间有情。与既有同理心又有同情心的人同行，无疑是一件幸福的事。

态度端正，我认为最重要的是做人态度和学习态度。

做人要积极，靠谱只是底线，一定要离不靠谱的人远点儿。什么样的学生不靠谱？根本不知道什么叫"责任"的学生。

学习要刻苦，努力只是底线，也一定要离不努力的人远点儿。什么样的学生不努力？根本不知道什么叫"荣辱"的学生。

做人要积极，要敢于尝试，要闻过则喜，勇于剖析自我、完善自我；学习要刻苦，要规划清晰，要勤字当头，善于利用时间、有始有终。

积极的人像太阳，照到哪里哪里亮，与这样的人同行，你会觉得心里特别亮堂；刻苦的人像竹子，咬定青山不放松，与这样的人同行，你会觉得身上充满力量。

积极的人不会怯怯懦懦，拖拖拉拉，牢骚满腹；刻苦的人不会浑浑噩噩，庸庸碌碌，得过且过。

物以类聚，人以群分。有肝胆相照，就有臭味相投；有手拉手走向完美，就有手拉手走向悲催。

与有同理心的人同行，远离自私的人。

与有同情心的人同行，远离冷漠的人。

与积极的人同行，远离颓废的人。

与刻苦的人同行，远离懒散的人。

一个人走得快，一群人走得远。道不同不相为谋。如果你的朋友中没有这样的人，请先审视自己是不是这样的人。如果确定自己是这样的人，我建议你要么换掉朋友，要么宁肯独行。

2019-12-07

常常心疼

读大学的时候,食堂有位大姐打饭总是给得很满。我常在她把满满的一小盆玉米粥端给我时,很自然地说一句"小心烫"。那位大姐看着我不说话,但我能从她戴着口罩的脸上看出笑意。

看到冬天小区门口三块钱剃个头的大娘,我会心疼;看到每天早上早早支起摊位做煎饼果子的大哥,我会心疼;看到街头一个站着、一个坐在轮椅上一起卖唱的两口子,我会心疼;看到小孩子懵懵懂懂、不知世事艰险的天真模样,我会心疼;看到两个老人步履蹒跚地走在夕阳之中,我会心疼;看到屡屡见诸新闻的遭受哄抢的车主,我会心疼;看到因一个垃圾人导致重庆公交车坠江那一幕,我会心疼;看到不知谁家或根本无家的小猫小狗在车流中的惶恐不安,我也会心疼。

是的,我常常心疼。

不知为何,我总认为只有常常心疼的人,才算是真真正正地活在这个本就令人心疼的人间。

佛说:"众生皆苦。"所以他要普度众生。

我们每个凡人都做不到普度众生，但我们却可以用这份心疼传递一份有声或默默的关怀。而且我坚定地相信，只有每个人都持有一颗佛心，众生才能真正得度。只依靠佛祖，是远远不够的。

我常跟我的学生讲：心疼食堂的师傅们，吃完饭把餐桌收拾干净，方便他人，也洁净自己；心疼每一个追梦的人，进教室保持安静，体贴他人，也涵养自己；心疼课间一遍遍催作业甚至厕所都来不及上的课代表们，及时上交作业，轻松他人，也提升自己；心疼清理下水道的工人们，不是掩住口鼻，而是屏住呼吸带着微笑，尊重他人，也庄严自己。

家庭是最小的教育单元，我们的家庭教育，欠缺的不是争先促优、全面发展的意识。君不见各类特长班你挤我挤，各种培训机构铺天盖地。我们欠缺的是让孩子懂得心疼，无论如何，都对身边的人持有一份善良的情意。

聪明是一种天赋，而善良是一种选择。

毕淑敏说："我想用我的爱织成一件毛衣，给孩子穿在身上，可惜我不是整个世界。"不过，只要这个世界的人们都愿意拿出这样一件毛衣，整个世界就一定是温暖而安全的，不是么？

我们都想让自己的孩子被整个世界温柔以待，那么我们就先要教会孩子去温柔地对待这个世界啊。

那些理直气壮地说出"我不乱扔东西，清洁工不就失业了么"的人，那些霸道占座丝毫不知羞愧的人，那个因为母亲不给钱就连刺母亲九刀致其血染机场的人，一定没有接受过心疼别人这种教育。

相传日本道元禅师到中国求禅，空手而来，空手而去，只是求得一颗柔软心。心疼别人的人，内心一定是柔软的。慈爱众生并给予快乐为"慈"，同感其苦并怜悯众生为"悲"。因为柔软，所以懂得；因为懂得，所以心疼；因为心疼，所以慈悲。那些不赡养父母的人，那些拐卖儿童的人，其心一定是铁铸的吧。

常常心疼

前两天岳母大人带着我家二闺女到附近小区玩滑梯，有位从保健机构出来的姑娘一看到我闺女就说："这小女孩儿真让人心疼。"然后就问我岳母能不能让她抱一抱。

走路摇摇摆摆的小孩儿为什么会让人感到心疼呢？我的理解是他们的小脚是那样柔软无力，而世路却艰辛无比。

我看了那姑娘抱我家小女儿的照片，到现在也不知道她的姓名。我也像当初那位给我端粥的大姐一样什么都没说，只是脸上带着笑意。

罗素在他的《我为什么活着》一文中提到他有着对人类苦难不可遏制的同情心，这同情心就是心疼。

常常心疼，当我们都有意识地去关注他人或外物的苦难时，和谐幸福的神光自然降临。

2018-11-14

一点点儿靠近文明

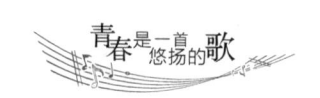

我们确实应该文化自信,不应盲目崇洋。但欧美国家的公车上、餐厅里确实是比较安静的。公车上安静读书,餐厅里安静用餐。在那种氛围中,你会感觉不考虑别人感受大声说话的人不仅讨厌,而且丑陋。

而我们身边,餐厅里常常乌烟瘴气,公车上不乏高谈阔语。

我们,还任重而道远。

作家梁晓声对"文化"是这样诠释的:根植于内心的修养,无须提醒的自觉,以约束为前提的自由,为别人着想的善良。这四句话中根植于内心的修养是后面三句话的前提,而修养主要来自家庭教育。

有无教养直接关系到有无修养。

经常听到一些家长这样跟老师沟通:老师您多担待,这孩子就这样,大错不犯,小错不断。每逢听到这样的声音,我都会想起我们的餐厅和公车。其实大声说话影响别人也不算什么大错,也没偷,也没抢,更没有杀人放火无恶不作。

不过深思之:"就这样",就可以继续"这样"吗?就像鲁迅先生说的"从来如此,就对么?"还有,"小错不断",是不是就是大错?

中国式家长,更关注的是孩子生病,至于毛病,往往是放在其次的。生病当然需要关注,但忽略了毛病,却往往会影响孩子的一生。

好习惯是一辈子用不完的财富,坏毛病是一辈子还不完的债务。

柏拉图曾制止几个小孩子玩骰子。孩子说这种小事儿你也要管。柏拉图说习惯可不是小事。丰子恺说他疑心那些小时候用开水烫蚂蚁的人长大后会开着飞机,去轰炸那些无辜的平民。

这些,都不是危言耸听。

习惯性迟到的孩子,积极性堪忧;习惯性找不到东西的孩子,规划性堪忧;习惯性依赖父母的孩子,独立性堪忧;习惯性不收拾自己就餐位置的孩子,为别人着想的品质堪忧;习惯性屡教不改的孩子,自尊心堪忧;习惯性说脏字的孩子,维护个人形象的意识堪忧;习惯性影响集体荣誉的孩子,将来在社会这个大集体立足堪忧。

这样分析下来,试问,又有哪一件事是小事呢?

挪威戏剧家易卜生说:"社会犹如一条船,每个人都要做好掌舵的准备。"小到班级家庭,大到国家社会,基本的构成元素都是每一个人。只有每一个人都守规则、懂文明,我们的班级、家庭、国家、社会才会变得越来越美好。

中国要想真正实现中华民族的伟大复兴,除了要照顾到经济、政治、军事、科技这些硬实力方面外,也要关注我们的文明文化这些软实力方面。

政治经济不能从娃娃抓起,而文明文化是完全可以从娃娃抓起、从少年抓起的。或者说就应该从娃娃抓起、从少年抓起。家庭教育在此发挥着其他教育无法取代的作用。《弟子规》前几句是"弟子规,圣人训。首孝悌,次谨信。泛爱众,而亲仁。有余力,则学文"。也就是说要先把做人这件事做到位了再去研习文化知识。真知灼见,切莫倒置。

让我们所有的家长与老师一道，教育和引领好我们的孩子一点点儿靠近文明，只有这样，当我们再谈及"和谐社会""民族未来""伟大复兴"这些高大上的词语时，才会拥有十足的底气！

2018-10-19

心中有他人

我的母亲在我很小的时候就教导我说:"你可以不让人喜欢,但至少别让人讨厌!"那么如何才能让别人不讨厌呢?我认为最佳途径就是心中有他人。

心中有他人,就是不以自我为中心,始终照顾他人的感受与情绪。注意,不是偶尔,是始终。

心中有他人的初级表现是不给别人添麻烦,不让别人不舒服。

作为学生而言,教室里,不乱扔纸屑;食堂中,自己的餐桌自己收拾;及时上交作业,不让课代表催就是不给别人添麻烦。不飙脏话,不议论他人的是是非非,不开恶意玩笑或给人起戏谑的绰号就是不让别人不舒服。

作为社会公民而言,不给别人添麻烦和不让别人不舒服的最基本的要求是敬畏规则,尊重他人的生命。

2018年10月28日重庆公交车坠江事件因原因奇葩、死亡人数众多而受到全民的关注与讨论。可是即便如此,之后又出现了好几例类似的事件。

2018年10月29日上午,北京一辆678路公交车行至南三环外环,驶出洋桥西公交站时,车内乘客邓某(女,57岁,本市人)称自己坐过站,要求司机停车。司机因车辆已驶出公交站,拒绝了邓某的要求。这位邓大妈愤愤地说:"这车才刚起步,你停一下怎么了?"司机坚持自己的原则,严格遵守公交制度,未满足其无理要求。直到到了下一站,司机才打开车门让大妈下车。这时,邓某突然用手提的整箱牛奶击砸司机手部,司机躲闪中公交车偏离正常行驶方向,紧急刹车后,仍与左侧车道一辆正常行驶的小轿车发生剐蹭。

广西南宁,由于公交车站点临时取消停靠,一男子与司机发生冲突。一怒之下,他不但暴力踹向刷卡机,更举起灭火器,恐吓司机。

吉林珲乌高速,一男子因吸烟遭到司机制止,心怀不满,突然走到司机身旁,用力对其面部抡了一拳,致使大巴车失控,撞上隧道墙壁。

2019年1月12日15时许,乘客张某(女,30岁)搭乘17路公交车至邵阳市宝庆中路段,因本人未及时下车错过站点,张某要求司机中途停车遭拒,遂取出随身携带的保温杯,将杯中热水泼洒在司机手上,致司机手部烫伤。车辆失控,撞向路边绿化带,车上一名乘客眼部撞伤。

公交车"车闹"频发,其中不少已升级为刑事案件。最高人民法院发布的大数据显示,2016年1月1日至2018年10月31日,全国各级人民法院一审审结的公交车司乘冲突刑事案件共计223件。从纠纷起因来看,多为车费、上下车地点等小事,合计占比近六成。公交车行驶中的司乘冲突刑事案件,乘客各类举动及占比分别为:攻击司机(54.72%),抢夺车辆操纵装置(27.36%),持刀威胁司机(2.83%),盗窃司机财物(2.83%),与司机口角(1.89%),其他(10.37%)。

大数据还显示,面对纠纷,约三成案件的司机选择了避让,仅约一成案件有其他乘客出面制止司乘冲突的情形。超五成案件出现车辆撞击其他车辆、行人、道旁物体或剧烈摇晃等危险情况，仅20%的案件未造成重大不良后果。

这些天我一直在想，到底是什么样的危害社会型人格才能催生这样的事件？到底是什么样的家庭教育与学校教育才会产生这样的人体怪胎呢？

龙应台曾写过一篇《中国人，你为什么不生气？》，而我现在常常想：中国人，你为什么这么爱生气？那位重庆车闹的女子哪怕心里有一丁点儿他人的位置，也不至于车毁人亡吧？

这些人完全以自我为中心，跨越规则，忽略公德，漠视生命。提高社会的运行成本，伤害社会的互信体系。如此巨婴，如此垃圾。萨特说："他人即地狱。"原来觉得太过犀利太过危言耸听，如今也只能无奈，只能点头信然。

心中有他人的高级表现是让他人因自己的存在而感到安全与幸福。

这世上有重庆车闹一样的垃圾货色，也有青岛微尘一样的大爱善民。

2004年年底印度洋突发海啸灾难，一对中年夫妇走进了青岛市红十字会，他们说要替朋友为印度洋海啸灾区的灾民捐款5万元，当工作人员问其姓名以便开具收据时，他们留下了"微尘"的化名。在青岛市红十字会的记录中，微尘在"非典"时期捐款2万元，在新疆喀什地震时期捐款5万元，为白血病儿童捐款1万元，向湖南灾区捐款5万元……对于普通的个人捐款者来说，这些数目不算小，而这对中年夫妇却说："人都应该有一颗同情心，自己是很平凡的人，做的事也很微小，就像一粒微不足道的尘埃。我们只想平静地做些该做的事。"

这两位热心公益事业、化名微尘的好心人，多次捐款且数额较大，却一直不愿露面。于是，青岛开始了寻找微尘的行动。网友们纷纷留言表达对微尘的敬意和祝福。有网友认为我们的社会需要这样有公益心的人，不一定要有多少钱才可以，重要的是有这样的爱心。也有网友认为微尘是值得尊重的人，不图名、不图利，只想以自己的方式做善事，那么市民就该尊重其生活方式，也希望微尘这两个字成为青岛公益事业的一个符号。

在微尘的感召下，越来越多的市民在捐款后，也留下了微尘、小小微尘、微粒的名字。微尘已经超越了一个名字的称谓，它是一个不留姓名无私援助公益事业的群体，一种诠释爱心的精神符号，一个青岛公益事业的固定品牌。有了许许多多的微尘，青岛市红十字会的募捐活动开展得如火如荼。2004年年底印度洋海啸，青岛市红十字会接受社会捐款434笔，不露姓名的个人捐款占50%，以微尘、小小微尘、微粒名义个人捐款的占1/10。

正是因为有微尘一样感动中国的这样的存在，我们走在红尘陌上的每一个人，才能够收获安全与幸福。

每一位家长和老师，请让你的孩子或学生明白这个世上不是只有他（她）自己一个人，要尊重他人，善待他人，努力给他人以安全感与幸福感。哪怕能做到不给别人添麻烦，不让别人不舒服，也是一种善良。

请告诉孩子，如果倒的垃圾中有碎玻璃，请包装好并注明，这是一件非常非常小的事，却可以传递一份疼惜，彰显一种高贵。请告诉孩子，如果在路上发现残疾人，不去盯着看就是一种善意；在路上碰到掏下水道的师傅，不去捂鼻子就是一种尊重。

最不应该输在起跑线上的不是学习成绩，而是健全人格。

心中有他人，从现在就开始，从身边每一件小事做起。因为，这个社会的安全与幸福，与我们息息相关。

2019-01-24

没有人是一座孤岛

假期可以用来放松身心，但不能用来放松要求，每个人，都不应抛弃基本的自我约束。因为越是在假期当中，就越能看出一个人的品质与素养。

五一假期要到了，我希望我的弟子不是下面我提到的这些人。

私自去游野泳的人，私自去野炊的人，私自去爬山的人，无视危险非法进入景区的人，不顾及自己生命安全任性胡来的人。

回到家只是看手机却不看一眼父母皱纹与白发的人，与网友神吹海侃一夜都不累跟父母聊两句也嫌烦的人，只是东游西逛却想不起来去看望爷爷奶奶姥姥姥爷的人，只知道偶像生日却不知道父母生日的人，看电视只看自己喜欢的台从不考虑家人需求的人，只知道索取无度却忘了曾经帮助过自己的人的人，只顾自己玩乐无视亲情与恩情的人。

和朋友到一个地方去玩儿到了目的地也不知道跟父母报个平安的人，打开门将来者迎进来就把自己关进卧室连倒杯水寒暄几句都不懂的人，亲友出去聚餐不管别人是否在夹菜就转动桌子的人，只是玩儿玩儿玩儿对翻一本好书看一部好电影毫无兴趣的人，只会放纵宣泄连基本的社交礼仪都不懂的人。

中国式过马路的人，践踏草坪的人，野炊却不收拾的人，霸座却不脸红的人，在图书馆等场合无所顾忌大声喧哗的人，上厕所却不冲厕所甚至还在厕所隔板上乱画的人，用人家宾馆的烧水壶煮泡面的人，爬到为国牺牲的烈士铜像上摆拍的人，碰到货车翻了不去救人而去哄抢的人，在"禁止"类牌子的提醒下依然我行我素的人，被合法制止却振振有词理不直而气壮的人，只会制造麻烦却从没意识到我怎样世界就怎样的人。

看到老人摔倒在马路上绕道而行的人，看到小孩子经过危险区域不去提醒的人，看到残疾人就盯着人家看个没完的人，把无聊当有趣的人，把恶搞当幽默的人，没有慈悲感与同理心的人。

用名牌服装来彰显身份的人，用污言秽语来证明霸气的人，用抽烟喝酒来诠释潇洒的人，用诋毁老师来掩饰自己无能的人，对着餐厅服务员大吼大叫以证明其"威严"的人，在网络上当键盘侠在现实中当怂包的人，在贴吧里骂街不断在课堂上却一言不发的人，浮夸叛逆的人。

莎士比亚说的充满了声音和狂热里面却空无一物的人，苏格拉底说的无知即罪恶的人，柏拉图说的虚伪着过日子的人，尼采说的不曾起舞的人。

这些问题都不是特别大的问题，但如果人们都不注意，就会成为全社会的雾霾。没有人是一座孤岛，我们，就呼吸和生活在这样的空气之中。

我希望我的弟子爱护自己，涵养自己，充实自己。我希望我的弟子感恩他人，尊重他人，服务他人。

我希望我的弟子行走时是文明使者，安坐时是最美少年。

希望景区的清洁工师傅们都能歇一歇，希望花草树木可以自由幸福地生长，希望烈士可以得到尊重、老人可以得到搀扶。希望我们这个社会的所有人文明清澈似蓝天，厚德怀珍如大地。

愿你的五一更加幸福，愿这个世界更加美好。

2019-04-29

公 共 意 识

公共意识包括公共规范意识（比如有序排队）、公共利益意识（比如注意自身的防疫）、公共环境意识（比如不乱扔垃圾，不大声喧哗）、公共参与意识（比如主动做志愿者）等。公共意识是每一位公民都应具备的公共精神。拥有公共精神的公民越多，这个民族的文明程度就越高。

2021年5月9日，首都机场公安局接报，当日首都机场某出港航班上一名旅客因占座被航空公司拒载导致航班滑回。接警后，民警及时到场处置。根据相关法律法规，依法将其带下飞机。经查，该乘客在飞机滑行过程中，不听乘务人员劝阻，强行坐到其他舱位并拒绝离开，为保障航班的安全和秩序，该航空公司拒绝其乘机。

之前听说过不少高铁霸座的案例，这次的飞机霸座着实刷新了我的认知，原来人可以豪横到这种程度，理不直，而气壮。

为了开阔孩子们的眼界，丰富孩子们的假期生活，去年国庆期间，浙江自然博物馆举办了一场海底森林展览会。展览会中有不少名贵的化

公共意识

石标本和娱乐设施，只是没想到，才开展9天就出事了。在志愿者为大家介绍展馆内的标本时，不断有小孩子去触摸标本，甚至有的孩子用石头去砸标本。志愿者多次提醒孩子不能触摸、扔石头，无奈孩子太多，根本阻止不过来。不仅如此，展馆内的娱乐设施——玻璃球，更是直接被弄坏了。由于孩子太多，一些熊孩子在玻璃球里来回进出，互相打闹，强掰玻璃球的门，导致门被掰断，2万元的玻璃球，仅开展9天就无法使用了。

今年五一期间，很多景区的人物雕塑都被一些人骑了脖子，工作人员劝走一批又来一批，有的孩子被大人默许，有的孩子则是被大人抱上去的。于是相信：一个熊孩子背后是两个或多个熊家长（注意，"熊家长"这个词可以直接敲出来）。我们这个国家公民意识的增强，还任重而道远。

最难保持干净整洁的是公共环境，最难培养节约意识的是公共环境，公用电话最易损坏，共享单车最难维护。就是因为是公共的，人人有责，所以人人无责。一个和尚挑水喝，两个和尚抬水喝，三个和尚没水喝。

负责级部工作以来，我一直把检查老师们下班关电脑和学生们去用三餐前关多媒体当作一项常规工作来抓。我跟老师和学生们说："我们浪费的不是学校的电，而是地球的资源。而资源是有限的。"

今天你不遵守规则随便插弱者的队，别人也跟你一样，那么明天你就有可能被更强者插队。

今天你不注重自身的防疫，别人也跟你一样，那么明天你就有可能被感染。

今天你乱扔垃圾、大声喧哗，别人也跟你一样，那么明天你就只能生活在一个肮脏而聒噪的世界里。

今天你不想当志愿者，别人也跟你一样，那么明天当你需要帮助的时候也只能自己来。

今天你随便浪费资源，别人也跟你一样，那么明天我们的子孙后代就只能没资源可用。

综上所述，公共意识越差，自己非但不能获得利益，反而损坏了社会生态，增加了社会运行成本，自己的生存处境也只能变得更糟。而公共意识越强，文明程度越高，受益的人便会越多，每个人的幸福指数才会更高。

新学期开学之初，我听有的班主任说班里的学生都不想做班委，认为会耽误学习时间。这就是缺乏公共参与意识的表现。试想如果人人如此，纪律没人督查，卫生没人提醒，班级不能良性运转，那么在这样的氛围之中，学生又如何保证自己的学习效率呢？就算学有所成，也顶多是个精致的利己主义者罢了。

一位名叫马丁·尼莫拉的德国新教牧师，在美国波士顿犹太人屠杀纪念碑上铭刻了一首短诗：在德国，起初他们追杀共产主义者，我没有说话，因为我不是共产主义者；接着他们追杀犹太人，我没有说话，因为我不是犹太人；后来他们追杀工会成员，我没有说话，因为我是新教教徒；最后他们奔我而来，再也没有人站出来为我说话了。

精致利己，缺乏公共意识与契约精神，最终伤害的只能是自己。

增强公共意识需要提升站位，把自己当作社会中不可缺少的一分子来看待——我怎样，我所处的社会就怎样。所以我们在书店保持安静，文明礼让，有序等候，带着孩子做公益……

增强公共意识需要保持敬畏，把自己当作世界上微不足道的一分子来看待——我很渺小，我需要这个世界。所以我们不在电梯里吸烟，不高空抛物，不哄不抢，不带孩子闯红灯……

雷锋说："自己活着，就是为了使别人过得更美好。"李镇西老师说："让别人因我的存在而感到幸福。"两者都是有着极强公共意识的人。我觉得真正的公民不是说他拥有了哪些权利与义务，而是拥有了较强的公共意识。为山九仞，非一篑之功；万物可爱，非一人之力。

　　个体大气，社会温暖，世界美好，未来可期。当我们行走在这样的人生旅途之中，心情是多么明媚呀。那就让我们增强公共意识，从一个真正的公民做起吧！

2021-07-19

出口成脏

"社交中哪些行为你不能忍"的网络调查投票结果显示,市民最不能忍受的不文明社交行为就是"与别人交流时,脏话连篇",占比12.45%。

我上初中那会儿,班上几个男同学只要张嘴就一定会夹带脏字,基本上不会离开人的下半身。他们动不动就问候对方的母亲,问候完母亲觉得礼仪还不够隆重,就问候对方的祖母,礼多人不怪的意识相当之强。我见过一次二人对骂。他们时而把对方称作狗或驴这些人类的好朋友,时而说自己是对方的爸爸或爷爷,向对方宣示主权,听得我有些眩晕。我心眼儿直,既然对方已经被你封为狗或者驴了,你再一遍遍宣称自己是对方的爸爸或爷爷,就觉得有些乱。但他们不觉得乱,而且越骂声音越大,越骂频率越高,越骂越有创意。他们棋逢对手,将遇良才,你来我往,好不热闹,骂完后都觉得自己没吃亏,至于其母亲和祖母什么感受,狗和驴子什么想法,他们是懒得考虑的。

有一次,我跟一个哥们儿半真半假开玩笑说你试试不带脏字说说

出口成脏

话，结果一向出口成脏嘴皮子利索得像孙悟空的筋斗云一样的他支支吾吾说不出半句话来。我到现在还记得他憋得脸红脖子粗那严重缺氧又温柔敦厚的样子。对于这位仁兄而言，离开脏字，人生不值得。

人为什么会骂脏话呢？

从客观方面来看，是家庭环境和社会环境的影响，比如父母在说脏话方面就非常有天赋，或者身边其他人以说脏话作为合群的基本条件。从主观方面来看，要么是为了宣泄情绪，释放压抑；要么是为了显示自己个性十足，狂拽炫酷。

当然，这些所谓的主客观原因其实也称不上什么原因。最根本的原因其实就一个——说脏话的人不在乎自己的形象。

那么，什么是形象呢？形象，就是对某人或者某事物的视觉记忆、印象、评价等态度的总和，是人们对事物和人抱有特殊情感的影像。一个脏话连篇的人，哪怕男的再玉树临风，女的再婀娜多姿，估计都会让我们倒胃口吧。

我经常跟我的学生们说，我们这一辈子，连爱的时间都不够，就尽量不要去恨了；连奋斗的余额都不足，就尽量不要去挥霍时光了；连相守的日子都很短，就尽量不要分离了；连诗词歌赋等美好的语言都说不尽，就尽量不要让自己的语言沾染污浊了。

大地不脏，严肃厚重；苍天不脏，庄严大气；鸟儿不脏，随时梳理；流水不脏，自我洗涤。

同学，不要再骂脏话或以脏话来压倒对方了。不帅，更不酷。你骂的任何一句脏话，其实第一时间脏的都是你自己的那张臭嘴，何况，那脏话还彰显了你的修养与内心。净即是美，脏即是丑。

以学识服人，以修养服人，以君子风度服人，以淑女气质服人，以对学业孜孜以求的态度服人，以对梦想穷追不舍的行动服人。有耳朵，就多听无上妙音；有眼睛，就多看多彩人间；有鼻子，就多闻馨香美好的花；有嘴巴，就多说温暖励志的话。

　　出口成脏可以休矣。

2019-12-25

悲剧人生

我教过这样一个孩子,他不喜欢所在的学校,觉得管理太严格。他讨厌学习,也讨厌老师。他只喜欢打篮球,高一高二也还能对付过去,但因为高三体育课减少,再加上老师管理更为严格,所以他在这所学校就再也找不到乐趣了。家里看他实在难受,就跟他说实在不想在这个学校上,就给他换个管理宽松点的学校,可他又看不上那类学校的老师和学生。家里说要不就去当兵,他又觉得当兵太苦。他就这么郁闷着、纠结着度过了自己的高三。最后的结果自然是以悲剧收场。

人生最大的悲剧不是因为需要面对突如其来的灾祸,而是明知道自己这么下去肯定悲剧了却还是这么走下去。这类人适应不了环境,却又超脱不了现实。性格悲剧,谁都无可奈何。

雨果说:"人生来不是为了抱着锁链,而是展开双翼。"而有着性格悲剧的人,却死死抱着这锁链不放。

人世间有三种悲剧:

第一种是社会悲剧。政治黑暗,国家没落,在这样的社会背景下,每一个有识之士都会有无可奈何的悲剧感。比如欲痛饮黄龙却被冤杀的岳飞，比如欲力挽狂澜却无奈接受败局的文天祥，比如有心杀贼无力回天的谭嗣同，比如明知必死依然慷慨许国的林觉民。

第二种是命运悲剧。无论政治环境如何，国家太平与否。命运跟某个人开了个比较残酷的玩笑，可能是横祸，可能是绝症，也可能是出身，总之是某种神秘力量左右了我们的人生。比如《天龙八部》中的萧峰，他是大宋朝丐帮的帮主，却是契丹人的后代，忠义难以两全，最后只能自刎于两国边境，以换个天下太平。

第三种是性格悲剧。就是说，有的人，他的性格特点，就注定他会成为悲剧人物。这样的人往往有着这样的性格特点：目标缺失，责任感缺失，计划性缺失，没有执行力，优柔寡断，极度自卑，偏执，不注重细节，不懂得感恩，心态不阳光，行动不积极，而且从不反思。这样有着悲剧性格的人即使处在人尽其才的盛世，即使有着天疼地爱般的命运垂青，也肯定会走向悲剧。

人世间的三种悲剧中只有第三种是人为的，而人为的悲剧自然就是最大的悲剧。命运要打击史铁生，命运悲剧了吧？但史铁生却成了文学大家；命运要毁了霍金，命运悲剧了吧？但霍金却成了跨时代的物理学家。"上帝吻我以痛，我回报以歌"，泰戈尔的这句话说的就是这些与命运抗争的斗士们。

只要性格是坚强的，只要意志没倒下，就算环境实艰，就算命运多舛，同样可以创造奇迹。

那么你可能会问，我这孩子就是这种性格特点，江山易改本性难移，说了他也不少了，我又有什么好办法呢？那么我可以跟你说，虽然说性格决定命运，但命运其实也决定性格。也就是说，一个孩子因为自己的某种性格缺陷已经使自己从失败走向失败了，那他就应该反思自己，从而改变自己。如果他宁肯看着自己走向失败，也不愿意让

悲剧人生

自己为了前途命运改变哪怕一点点,这种人从某种意义上讲,是不值得同情的。

我跟学生们说,中国给了你和平的环境,父母给了你健全的身体和衣食无忧的生活,老师给了你悉心的教导,优秀的同学给了你榜样的示范作用,结果你还是把自己给废了,那么你谁都不要怨,因为路是你自己走的。

吉鸿昌说:"路是人走出来的,历史是人写出来的,你走的每一步,都在书写自己的历史。"

你不对自己的成功负责,凭什么要让别人对你的失败负责呢?

悲剧人生,尤其是性格悲剧,其实是可以避免的。虽然改变的滋味不好受,但总比接受败局的滋味要好一些。

这笔账,值得每一个真正心怀远方的年轻人好好算一算。

谁都有把自己的性格悲剧变为人生喜剧的能力,如果自己弃权,那与别人无关。

2015-07-13

自律的好处,你不一定知道

有这么一个故事,一个人想减肥,但是又特别爱吃肉。用了很多办法,什么针灸疗法呀、点穴疗法呀都不管用。有人跟他说,你可以用心理暗示,把你不太爱吃的青菜呀黄瓜呀什么的想象成你最喜欢吃的东西。这人就按人家说的开始进行自我催眠。他说青菜呀、黄瓜呀就是他的命,他每顿饭都不能少了这两道菜。他逢人便说,见人就讲。后来朋友组织聚餐,知道他改吃素了,就把大鱼大肉安排到其他人身边,他眼前的只有青菜和黄瓜。这人二话不说,抢过大肘子来就咬。朋友们都说不对呀,青菜黄瓜不是你的命吗?这人抹抹嘴说,是啊,青菜黄瓜是我的命,但看到大肘子,我就不要命了!

同学们,这种行为就叫不自律。不自律的人会让人看不起,久而久之,自己都会看不起自己。想减肥,那你就得管住嘴,迈开腿。你咔咔啃大肘子,半天不动地方,不长膘儿才怪。

自律分为三个层次:

最低层次是迫不得已自律。班主任管得严、年级部查得严才能管住自己，因为怕受批评或处分。这是最被动的一种自律。

迫不得已自律是为了保证自己的安全。

较高层次是洁身自好自律。为了自己的形象，为了自己的人品与尊严，我不能往自己身上泼脏水，让别人笑话。总之，是对自己负责的一种自律。

洁身自好自律是为了打造自己的品牌。

最高层次是深明大义自律。为了让每一个遇到我的人感到幸福。我能用我的自律让我身边的人，让我的宿舍、我的班级、我的校园、我的家庭变得更好。这是对别人负责的一种自律。

深明大义自律是为了芬芳身边的世界。

当然也有的人连迫不得已自律都做不到，而且每次违纪后他都会很痛苦地说："我也不是故意的呀。我也很想管住自己呀。"送大家一句话：你可以不故意地去违纪，你也可以故意地去不违纪。只要你想改，就能改得了。你总跟自己妥协，这个世界就会对你残酷。俞敏洪说："要用严厉和冷酷改正自己的缺点。"

你可能会说干吗一定要自律，不自律我也活得不错呀。那么我来告诉你自律的三个好处。

第一个好处是自信。

能够管控自己，就能收获信心。比如玩儿手机。很多孩子拿起手机就放不下，什么王者荣耀啦、抖音啦、快手短视频啦，迷恋得不行，甚至废寝忘食。后来你打算痛改前非、奋发图强了，于是你把手机放到一边，开始读名著。但是你的手还是痒得厉害，觉得手机比名著好玩儿多了。不过最后你还是压制了自己的欲望，投身到名著的海洋，一天过去了，一周过去了，一个月过去了，你真正体会到了名著的魅力。再看到那些傻乎乎玩儿手机只图一乐的人，你会想：玩儿手机、看电视这种事儿七八十岁的老人也能做，你们现在就开始做这样的事情，真是无聊。

你会觉得自己跟他们根本不是一类人，你叹息一声，悄悄离开，挥一挥衣袖，不带走一片云彩或白菜。那时，你满满的自信感就会油然而生。

自信的人是有信仰的人。

第二个好处是自强。

弹钢琴的孩子都知道郎朗，他从小练琴，每天不断。有次他爸爸带他到一个朋友家做客，到了练琴时间，但朋友家没钢琴。郎朗怎么办呢？很简单，他在地板上操练不误。这种自律就是自强的体现。篮球巨星勒布朗·詹姆斯和足球巨星C罗都是极度自律的典范，绝不吃影响锻炼肌肉的食物。有队友说再也不到C罗家吃东西了，因为这位巨星吃的只是西蓝花和牛肉。他们已经到了这种段位，却依旧坚持锻炼，甚至比年轻的选手更为努力，一身的肌肉块儿让他们战斗力十足。同学们，一个能规划自己、管控自己、经营自己的人才是真正的强者。

自强的人是有追求的人。

第三个好处是自由。

康德说："所谓自由，不是随心所欲，而是自我主宰。"这个自我主宰，说的其实就是自律。自由不是想做什么就做什么，而是想不做什么，就可以不做什么。有自己的底线，有自己的信仰。大英雄者，有所必为，有所不为。比如在学校里，作弊的事儿不能干，那是拿尊严换分数；撒谎的事儿不能干，因为你骗的都是那些用真心去信赖你的人；混日子的事儿不能干，因为你糊弄日子，日子早晚会糊弄你；坑害集体的事儿不能干，因为你往井里吐口水，你还是要喝这井里的水。越自律，越自由。越自律，越有尊严。

自由的人是有灵魂的人。

反之，不自律的人则没有信仰，没有追求，没有灵魂。没有信仰则不知敬畏，没有追求则不懂规划，没有灵魂则欠缺智慧。而一个不知敬畏、不懂规划、欠缺智慧、常常妥协与苟且的人又怎么可能活出有质量的人生呢？

　　1945年5月，解放军解放上海，老百姓一夜醒来，发现我们的解放军战士都睡在大街上，什么叫人民解放军？在大街上睡觉的解放军战士为我们诠释了"人民解放军"这个词。这个真的需要严格的自律。就像一千多年前的岳家军那样"冻死不拆屋，饿死不掳掠"，所以才让金人生出"撼山易，撼岳家军难"的感叹。希望每一个同学也都能让这种自律的军人品格长驻于心。

　　儒家讲究修身齐家治国平天下。修身这个层面很大程度上说的就是自律。希腊先贤苏格拉底说："想左右天下的人，须先能左右自己。"所表达的道理与我们老祖宗传下来的修身自律一般无二。

　　自律是对自我的控制，自我控制是强者的本能，唯有懂得自律的人才配拥有心中的远方。扪心自问，你从现在的自己身上，能不能看到将来自己的影子呢？

　　希望每个同学都能严于自律，修养自身。既是奋发少年，又是温润君子。不给老师添堵，不给家长抹黑，做一个洁身自好，深明大义，自信、自强、自由，有信仰、有追求、有灵魂的人。

　　做一个自律的人吧，心有千只躁动猛虎，也能低头细嗅蔷薇。

2018-08-25

懒惰是生活的死亡

德国有一句谚语："懒惰是生活的死亡。"听起来有些吓人，但仔细想想，也确实如此。手脚懒则困于原地，头脑懒则不思进取。日复一日地混日子，被日子混了也不自知，可不就是活死人么？

懒的本质是逃避，是得过且过。懒人不撞南墙不回头，或撞了南墙也不回头；不见棺材不落泪，或见了棺材也不落泪。心理学上，把采用逃避、消极的方式来面对问题的心理倾向，叫作"惰性心理"。绝大部分懒惰的人宁愿承认自己懒，也不愿意承认自己是逃兵和懦夫。毕竟说自己懒惰，比说自己怯懦要有面子些。问题是你连自己是个懦夫这件事都不敢承认，还有什么面子可言？

懒惰分为行为上的懒惰和思想上的懒惰。当然很多时候二者是并存的。毕竟，"懒"是心字旁。

我教过这样一个学生，我先后三次让他到黑板前听写了同一段古文，他都是空着其中"劳其筋骨"的"筋"字，诚实地表示不会写。到考试的时候，恰好考到了这段古文默写，他居然还是空着那个"筋"

字。他的懒惰与无畏让我目瞪口呆。

还有一个学生，他的桌子每天都是乱七八糟的。我开班会对"打理好自己的一平米"这件事统一要求，统一指导；下来后对其单独要求，并亲自示范。跟他交流时他也知道桌子乱不方便找学习资料，既影响自己的听课节奏也干扰身边的同学。但几个月过去，他的桌子依然跟摆摊卖货的一样，犬牙交错，旁逸斜出，琳琅满目，一应俱全。他的懒惰与坚持让我顿时失语。

我曾这样跟某些学生对话：

我：请某某同学回答一下这个问题。

学生（嗫嚅良久）

我：这个知识点是必考点么？

学生：是。

我：那么，你掌握它了么？

学生：还……还没有。

我：你是什么时候知道自己还未掌握的？是现在，还是早就知道？

学生：早就知道。

我：早就知道为何不想办法去掌握呢？

学生（嗫嚅良久）

我：你觉得这个知识点很难么？

学生：不……不很难。

我：距期中考试还有几天？

学生：三天。

我：我再问你一遍，你知道它是必考点么？

学生：知道。

我：好的，那你打算何时掌握它？

学生（嗫嚅良久）：明天吧。

我：你如何掌握它？

学生：问同桌。

我：你俩儿同桌多久了？

学生：多久……好些天了。

我：好的，明天把这个知识点给同学们讲一遍。

懒惰者要么不知道事情的利害，要么知道利害也不去调整更改。而且绝大部分懒惰者都是知道利害的，我管这种人叫清醒的糊涂人。就像隋炀帝一样，他明知道因为他作天作地，海内大乱，自己早晚要倒霉，但他宁肯感伤地对着镜子说"好头颅，谁当斫之"也懒得去改变，照样玩赏取乐，醉生梦死，直到被宇文化及勒死。这种"我死后，哪管他洪水滔天"的清醒的糊涂人可悲可叹又可恨，就是一点儿都不可怜。

我曾读过这样一个童话，里面讲了一个叫懒懒的小男孩儿的故事。他懒得离谱，后来为了实现抱负就去了懒人学校。开学典礼上，懒人学校的校长躺在床上给懒懒和同学们讲话，讲着讲着居然睡着了。这样懒出创意懒出风格懒出精神懒出节操的举动给了懒懒莫大的鼓舞。后来，懒懒和他的死对头懒蛋角逐三米慢跑的冠军，也就是谁最后到达终点谁获胜。两人趴在起点处胡吃海喝，一动不动。懒懒看自己长得太快了，于是就开始节食。懒蛋不会节食，越来越胖，只能最先到达终点，懒懒获得了胜利。但是他的全身器官发现主人如此之懒还能得到如此荣誉，于是都罢工了。呼吸停了，心脏也不跳了，懒懒因公殉职，名垂懒史。这个童话故事让人啼笑皆非，却又掩卷沉思。君不见那些惰性入骨的人双眼无神，两脚无力，头颅低垂，未老先衰。即便不是懒懒其人，又有多大分别呢？

相由心生，此言不虚。

泰戈尔曾这样写懒人们的惯常心态：懒人总会在寻找斧头时对自己说："天哪，但愿找不着。"找到了不得干活儿么？找不到才可以理所当

懒惰是生活的死亡

然地休息。懒人总是可以轻轻松松地给自己的不作为找到理由。

任何一只鸟都是爱干净的，哪怕临死也会最后一次梳理自己的羽毛，质本洁来还洁去。在爱惜羽毛这件事上，它们绝不犯懒，不给自己找任何理由。那么人类的羽毛是什么呢？我觉得是每个人不同阶段必须肩负的使命。使命不是可有可无的东西，而是每个人与这个世界建立一种严肃联系的必需品。如果连使命都懒得去担当，这就不仅仅是习惯问题、性格问题，而是道德问题、人格问题了。严格来说，懒惰的人，便是玩世不恭的人。玩世不恭者，灵魂不严肃。

有人说教育就是激励和唤醒。我觉得应该调一下位置，教育就是唤醒和激励。还未唤醒，如何激励？唤醒什么？就是唤醒学生对学习的使命感。但问题是我们可以唤醒一个沉睡的人，却难以唤醒一个装睡的人，也就是那种什么道理都懂，但就是没有行动力的人。自欺欺人是装睡者的通病，这还算比较轻的症状。如果连自欺欺人这样的事都懒得做，完全浑浑噩噩、迷迷糊糊，就病入膏肓、无药可救了。

所以，拒绝懒惰，心怀使命就好了；拒绝懒惰，立即执行就好了；拒绝懒惰，自我督促就好了；拒绝懒惰，欢迎惩戒就好了。

要想学习好，只要课前预习到位，上课认真听讲，下课及时复习，有疑必问，有错必改，善于借力，心态阳光，珍惜时间，懂得规划，每天进步一点点即可。这些道理几乎每个老师都会讲，但学生落实的情况却是千差万别。每一个环节都懒一点儿打一些折扣，就会被落下老远。

当然我们要特别注意，那些貌似勤奋其实在重复做无用功的人也是懒惰的，这便是思想上的懒惰。就像你拿着一把铁锹，每天准时准点到不同的地方去浅浅挖一锹土，挖了一辈子也没把井挖出来一样。应付式勤奋比常态化懒惰更可怕，因为他会让当事人以为自己还是蛮勤奋的，这样的人在失败之后可能会抱怨老天不公，甚至会形成反社会人格。

罗曼·罗兰说："懒惰是很奇怪的东西，它会让你以为那是安逸，是休息，是福气。但实际上，它所给你的是无聊，是倦怠，是消沉。"

稀有气体是元素周期表上的0族元素所组成的气体。在常温常压下，它们都是无色无味的单原子气体，很难进行化学反应。因此它们被称为惰性气体。其实人也是如此，人一旦成了一个惰性十足的人，就很难与那些优秀品质比如自省、勤奋、创造等发生化学反应了。

懒惰者也会感到失落和疼痛，比如学生考不好的时候，运动员竞技水平下降的时候等。但因为他们都有好了伤疤就忘了疼的绝招，所以他们无往不败而又无往不胜。只要还能凑合，还能逃避，还能撞钟，就按部就班地沉沦下去。懒惰者没有经营自己人生的能力，甚至连参与别人人生的能力也没有，更不用说改变自己的人生、优化他人的人生了。

懒惰是生活的死亡。懒人从无能开始，以无能结束，一辈子都注定是无能之辈。

张衡说："人生在勤，不索何获？"人应该善待自己，但你若对自己太好，一定会把自己废掉。行动起来吧！不要等到夕阳西下，晚钟敲响，回首望去，山河依旧。自己这一生除了按部就班地老去外，一无所成。

2019-12-14

站起来，就是一道风景！
——鼓励学生主动参与课堂

在求知阶段，性格过分腼腆，其实就意味着机会的丧失。

——题记

站起来，就是一道风景，你不站起来，谁知道你在？谁知道你行？

世界这么大，淹没在人海中，是多么容易的事情。可是我们既然来了，既然呼吸着世间的空气，享受着阳光的沐浴，就应该告诉这个世界：我来了，我要前行，我要成功，我要让更多的人听到我的声音、记住我的名字，要印下我的身影。

生命这么短，平平凡凡过一生，是多么简单的本领。可是我们既然来了，既然有着和别人一样的头脑，有着和别人一样的机遇，就应该告诉身边的人：我也能，我很优秀，我很勇猛。我要让更多的人见识我的魅力，钦佩我的人格，赞叹我的才能。

站起来，就是一道风景，你不站起来，谁知道你在？谁知道你行？

滕王阁的酒席上，年轻的王勃在他人不可思议的目光中站起来，他的《滕王阁序》云霞满纸。"落霞与孤鹜齐飞，秋水共长天一色。"风云变色，满座皆惊。

平原君的大厅中，落魄的毛遂在他人鄙夷不屑的目光中站起来，是他帮平原君顺利地完成使命，臣子钦服，楚王诺诺。毛遂自荐，千古传名。

文王亲往溪边，姜尚才慨然应允；刘备三顾茅庐，孔明才欣然随行。如果文王、刘备不这么做，难道将相之才的姜太公和诸葛孔明就这样终老一生？

既然我们是千里马，既然我们不想老死于槽枥之间，我们就要去找伯乐，我们就要站起来。站起来，才能被人认同；站起来，才能成为风景。

不要怕答错了别人嘲笑你，不要怕答对了别人嫉妒你。"木秀于林，风必摧之"，但我们宁肯做所有的风都痛恨的那棵树；"才高于众，馋必毁之"，但我们宁肯做所有的逸言都攻击的那个人。当然我们要足够坚强。优秀者总要经历太多的打击，不过我们不怕，我们在有限的生命中，让所有的亲者快，让所有的仇者痛。这是怎样的一种幸福，这是怎样怒放的生命！

我们是人，"人"字两脚踏地，头顶苍穹，我们是"顶天立地"的人！那么，让我们每一个无愧于"人"字的人站起来吧，站起来，就是一道风景！

周瑜站起来了，谈笑间，樯橹灰飞烟灭；谢安站起来了，下棋时，秦兵逃窜无踪；陈子昂站起来了，他把百两黄金买来的琴摔得粉碎，告诉宾客他的文章才是真正的无价之宝；孟浩然站起来了，他环视所有的宾客一周，吟出了名动京师的"微云淡河汉，疏雨滴梧桐"。

袁崇焕站起来了，他下令将士向不可一世的努尔哈赤开炮；邓世昌站起来了，他下令致远号撞向气焰嚣张的"吉野舰"；谭嗣同站起来了，他"我自横刀向天笑";孙中山站起来了,他屡战屡败,屡败屡战;闻一多站起来了,他拍案而起,怒斥反动派;周恩来站起来了,他要"为中华之崛起而读书"。

张海迪、史铁生、谢坤山、霍金,这些残疾人都用自己的方式站了起来。

只有一个春天的蝴蝶,它快乐,它飞翔,它的生命短促而芬芳;只有一个夏天的蝉儿,它自由,它歌唱,它是那样决绝而激昂。蜉蝣朝生暮死,但谁人不赞叹它的悲壮;昙花一现即休,可谁人不赞叹它的坚强;流星划过夜空便是死亡,又有谁忘得了它那一瞬间的刺目与辉煌!

古往今来的贤者、身残志坚的勇士、飞禽走兽、日月星辰,哪一个不在尽力展现自己的风采?让我们站起来,站起来,站起来吧,站起来,就是一道风景!

2008-02-23

把每件简单的小事做好就是不简单

上自习课借个东西也挨批评,座位下有张废纸也被教育,这是不是太苛刻了?

当老师这些年,我经常听到学生们诸如此类的抱怨声。

确实,乍一听,也感觉有些不平,这也太不人道了吧。不过仔细想想就会明白,其实,这些事我们原本都可以做好的。上正课或自习课前,你应该知道自己需要准备什么,在铃声响起前准备好,没有的笔芯或者橡皮,赶紧借好,然后一上课就是全身心听课或全身心做题。个人卫生就是个人形象,随便乱丢当然不行,不小心掉到地上的纸也要立刻捡起来。如此,又怎么会让人家查卫生的抓个正着呢?

把每一件简单的小事做好就是不简单。

一个学生,他早上起床穿衣洗漱上厕所,还能把内务整理好,然后精神百倍地跑到跑操地点;候操时他拿出提前准备好的背诵资料用心背诵,跑操时他步伐有力,口号响亮;上正课时他紧跟思路,合理记录,积极发言;自习课他高效完成作业,合理规划,查漏补缺;课间他抓紧回顾上一课内容，准备下一课的资料，和同桌探讨一两道题；集体活动他积极参与，他人需要帮助时他会伸出友谊之手，他人的善意提醒他能虚心接受；吃饭时他不攀比浪费，午晚休他不在宿舍大声喧哗；见到老师，他知道喊一声老师好，见到父母，他知道自己要懂得感恩，见到扫地、送水、打饭的工作人员，他明白他们和他自己一样也是值得尊重的人。

就在这一日日每一件看似简单的小事中，这个学生成长为生活自立、学习自强、言行自律、被人认可与欢迎的阳光少年。而具备这些美好品质的人，又怎会不成功呢？而反过来，你不具备这些美好品质，比如你马虎粗心，当医生你把切掉食指写成了切掉十指，做士兵你把埋地雷的位置弄错了。在医院，就是事故；在战场，就是灾难。

成功不是将来才有的，而是从你决定去做的那一刻起，持续累积而成。成功者，功到自然成也。

不要忽视自己身上的那些小毛病，你在家里喜欢把东西随便丢，我很难想象在学校里你能整理好自己的书桌；你在家里做事磨磨蹭蹭，我很难想象你在学校里做事能够干净利索；在家里你不懂得合理规划，我很难想象在学校里你就会成为一个合理规划、高效学习的人。

刘墉在写给他儿子的信中提到去深山旅游应该带的物品是指南针、塑料布、火种、茶缸、哨子、盐巴和小刀等。这些东西占不了多少空间，但每一样都必不可少。指南针可以辨明方向；塑料布可以在饮用水不慎洒了后铺在地上用来收集清晨的露水，也可以用来包裹火柴；火种可以用来在食物不小心被水冲跑后煮野菜或烤猎物来吃，也可以用点火的法子求救；茶缸可以用来舀溪水喝，必要时就是煮东西的小锅；哨子可以用来召唤同伴，还可以用来求救；盐巴可以增加味道，也可以补充体力；小刀作用更大，它可以用来切割东西、防身，如果那地方有毒蛇，被咬后也可以用小刀将伤口切成十字，把毒血迅速吸出来。

你看，如果你没有计划性，没有前瞻性，不懂得准备这些东西，将是一件多么可怕的事，而这些意识的培养，就在我们平时的生活中。

每个人都必须懂得管理时间、合理规划、感恩负责、诚实守信的重要性。这是每个人都应具备的品质，所以，你的一言一行都要注意。意识会变成行动，行动会成为习惯，习惯会影响性格，性格能决定命运。

每个人都希望自己成为一个创造奇迹的人，其实奇迹是一步步发生的，只是最后一步特别受人关注而已。前面的每一步基本上都是寂寞的。这也就是古人所说的"十年寒窗无人问，一举成名天下知"。你耐不了这份寂寞，当然也就丧失了在镁光灯下秀出风采的资格。

能耐，就是能够忍耐啊。

人的一生大部分时间都是平淡的，惊天动地只在片刻之间。如果每个人天天都惊天动地，那天地也会受不了的。所以，平淡是人生的主旋律，有人在日复一日的平淡中没了锐气丢了自信，而真正与成功有约的人会选择不懈怠不怀疑地去做好每一件简单的小事。

因为他们深深明白：把每一件简单的小事做好，就是不简单。

2013-07-12

人得自个儿成全自个儿

人，得自个儿成全自个儿。

——陈凯歌《霸王别姬》

花朵问大地：希望在哪里？

大地回答说：你就是希望！

那些总是问希望在哪里的人，那些总是寄希望于别人的人，是不会有什么作为的。总依靠别人，就是拄着拐棍走路。试问：拄着拐棍的人，能走得快吗？走不快，可还不能扔了拐棍，因为扔了就会摔倒，走不快又不得不拄着它，多么可怜啊。

一个人，只有自己想进步，别人才能帮他进步。当一个人自己不想前进时，别人拉他是没有用的。你见过一匹让人生拉硬拽的孬马跑得过那些勇往直前的骏马吗？

当一个人总是埋怨周边环境，却从不反思自己的不足时，那么失败是必然的结局。因为同样的环境下也有成功者与失败者。"适者生存"是大自然的法则，在人类社会同样适用。你听说过某个地方打出旗号说：这里的环境让每个人都感到很舒服吗？当环境无法改变时，只能适应它。什么是俊杰？有句老话说得很好——识时务者为俊杰。

有的人自己不反思，还听不进别人的话。这就像一个人到了悬崖边，别人让他把马勒住，但他就是自顾自地往前走，结局可想而知。就像讳疾忌医的蔡桓公，病入膏肓了才急急忙忙地派人去请扁鹊，为时已晚。人总是这样：后悔已无用时才开始后悔，挽回已来不及时方想去挽回。

老天让人长一张嘴就是让人说一是一，让人长两只耳朵就是让人兼听则明。自己不分析，又不愿意让别人为自己分析，那跟这个骑马的人，跟蔡桓公，有什么分别呢？

还有的人，知道自己的不足，但没有想办法去改正，或者是想了办法，但贯彻不了，就像寒号鸟，知道不搭窝会冷，甚至会冻死，但就是懒得搭。"明天就搭窝"，人世无常，谁知道自己有没有明天呢？

两个人去种树。甲在地上画了一百个圈说："我要在这里面种上树。"乙不画圈也不说话，种了十棵树就回家了。甲不想种树吗？想，不过，他也只是想想罢了。

没有一个人希望别人看不起自己。可是，"一个真正热爱生活的人，才能在现实社会中扮演有意义的角色"。什么叫热爱生活？负责任就叫热爱生活。对自己负责叫作对生命负责，对别人负责叫作对生活负责。一个人只有有了责任感、使命感，才可能去做有意义的事情、扮演有意义的角色，从而赢得他人的肯定与尊重。注意，被人尊重是赢来的，是用心用力的结果。

奥斯特洛夫斯基说："人，最宝贵的是生命，生命对每个人只有一次，每当回首往事的时候，应该不为碌碌无为而羞耻，不为虚度年华而悔恨。"可是这世上，却还是有那么多挥霍青春、荒废生命的人。

不要寄希望于别人，登高跷的人再高也要用自己的脚；再华丽的宝座,也要用自己的屁股去坐。

不要等着别人主动帮你,你不喊救命,谁会下水救你呢?你不往前走,别人推你,你摔倒了还可能埋怨人家呢。

不要总是诅咒环境,环境是死的,你是活的。你跟死环境较劲,只会自己吃苦头。

不要听不进逆耳的忠言,知耻近乎勇,不知道耻辱,又从哪里奋起?

不要明知不足还不愿意面对,因为伤口不会因为有衣服遮着就不痛。

不要要求别人尊重你,被人尊重是要靠实力说话的。

说了这么多,其实最后还是那句话:人,得自个儿成全自个儿啊。

2008-08-04

态 度 问 题

有人说：" 态度决定一切。" 我觉得太绝对了些，不过我认同态度确实很重要。我从三方面来说。

一、不是基础差，是习惯差

从 2006 年开始，我教书已经 14 年，教过的学生也实在不算少了。经常听到一些成绩不太好的孩子的家长这样跟老师说："老师呀，我家孩子基础差，您多关照。"也经常在读学生写的考后总结时读到这样的话："我基础比较差……"

问题是那些所谓基础差的同学最最简单的知识点，比如语文的成语、病句，外语的单词，数学的公式也常常出错，基础再差，会差到这种程度么？而且就算一科很差，只要智商够格，难道每科都能差到这种程度么？

前段时间我在班里听写成语，成绩经常在前十的同学听写的情况也特别好；而成绩常常在后十的同学，最最简单的成语也不会。而这些成语我前几天都一个一个详细讲解过，也都听写过。习惯比较好、学习意识较强的孩子会按照老师的听写节奏提前准备，而成绩较差的孩子则得过且过，存侥幸心理。最可怕的是每次听写错一堆，后面再听写依然错一堆。而且对自己写错或写不上的知识点依然懒得记、懒得学。回过头来再听写，还是错一堆。也就是说连最最基本的紧跟老师和及时纠错的习惯都没有。

真的，很多时候，我们所谓的基础差，其实是习惯差。或者说因为习惯差，才导致了基础差。没有解决习惯的问题，空谈夯实基础和提升能力是毫无意义的。

那么家长朋友可能会问我："老师，什么样的习惯才算是好习惯呢？"那么我要告诉你要谈学习习惯问题，得先谈学习意识问题。

二、先有意识，后有习惯

什么是学习意识呢？

学习意识就是对自己的学业自觉抱有某种目的，说通俗些就是知道自己所为何来。衡中三问中有一问就是"我来衡中做什么？"

一个学生只有知道自己学习的意义和价值，才可能产生内驱力。知道的学习的意义和价值越大，内驱力越强，意志品质也越强。反之亦然。

教书这些年我发现，越是成绩优秀的孩子越能给自己的学习生活做减法，他们知道自己想要什么，会自觉规避所有不利于学习的种种。比如情绪问题，比如人际关系问题，等等。而越是成绩差的孩子，越爱闹情绪，越容易人际关系紧张。也就是不能和自己好好相处，跟他人相处也欠缺一些智慧。

先有意识，后有习惯。先解决学不学的问题，再解决怎么学的问题。不谈意识，上来就谈习惯，是典型的思维误区。

看到那些课上发呆下课发疯、吊儿郎当无所事事、桌面一团糟心里也一团糟的孩子，我不禁想问：孩子，你所为何来？

也许家长朋友会说既然老师知道孩子的学习意识有问题，帮着培养不就行了么？

问题在于学习意识这件事主要靠家长而非老师。因为家长在把孩子送到学校时就应该讲清楚为何要上学，为何要读书。而这第一印象与第一目的的指引会影响孩子的一生。

孩子背上书包走进校园那一刻就应该比较明确地知晓"学生"二字的意味和肩上书包的重量。这些问题家长应该跟孩子讲清楚，而不是简单粗暴地把为了将来考上好大学、好就业谋生等实用主义硬灌输给孩子，因为这些离孩子还有些遥远。当然，也更不能什么都不说，或者干脆来一句"你这个岁数，不上学干吗？"

那么到底应该如何跟孩子讲呢？

我是这样跟我读小学的女儿说的："上学会遇到各种各样的人，学到各种各样的知识。遇到的人越多，你的知心朋友可能就越多，你就会越开心；学习的知识越多，你的智慧之眼就会越亮，你就会越幸福。又开心又幸福，所以要上学呀。"

又有家长朋友问我："老师，我家孩子知道学习是自己的事儿，每次说他他都说知道知道，可就是管控不住自己。这怎么办呢？"

我告诉你："如果学习意识没问题，但缺乏自控力，那就是意志品质的问题了。"

三、学习态度就是人生态度

偶尔会听到这样的话：学习不行，将来步入社会不一定混得差。这话也对也不对。对的是确实有这样的人；不对的是如果学习不行完全是态度问题的话，那么将来也一定会混得差。这个认识误区各位家长一定要注意。

态度问题

我几乎跟我教过的每一届学生都说过"学习态度就是人生态度"这句话。当然对老师而言，工作态度就是人生态度。

企事业单位对所聘人才不外乎两个核心要求。一个是具备良好的团队协作意识，一个是具备积极进取的人生态度。这两个核心要求一个强调团队站位，一个强调个人发展，相得益彰，彼此成全。古今中外的任何团队，只要用人，基本上都会包含这两个核心要求。

积极进取是求职谋生的必需，也是站立于世和彰显价值的必需。

积极进取是必需，但我们所处的世界却诱惑多多、逆境重重。所以如何抗拒诱惑、如何提高逆商就成了每一个想让自己将来成为社会合格人才的人必须思考和解决的问题，当然也包括每一个求学的学生。

抗拒诱惑需要清醒的大脑，懂得所谓快乐不是浅层的刺激，而是忠于学业的成果。

提高逆商需要阳光的心态，懂得所谓自信不是相信自己行，而是相信自己早晚会行。

而抗拒诱惑和提高逆商都属于人的意志品质层面。

你可以不居上，但不能不向上；你可以不进步，但不能不进取。这是基本的态度问题，也是基本的意志品质问题。学习态度就是你的人生态度，学习上习惯性退缩，习惯性找借口，生活中大抵也会如此。学习上尝试了几次就举手投降了，生活中大多数也是个孬种。

如果孩子再跟你哭诉学习好累而且毫无进展，你就可以直截了当地对孩子说学习是最简单的自我升值方式，如果你想干别的，可以去试，但一定不要后悔。如果你还认可上学这条路，就不要在这里跟我矫情。"学习"这件事是快乐的，不快乐是你自己的问题！你把自己废掉，不要怨天尤人。

最后，我想说：有所为何来自我升值的意识，有紧跟老师及时纠错的习惯，有积极进取抵诱抗压的意志，总之，有一种身为学生该有的求学态度，这样的孩子，应该都会成功吧。

  应该是这样吧。

2020-11-25

我们永远都做不好我们意识之外的事

屠格涅夫说:"我们的生命虽然短暂而且渺小,但是伟大的一切却正由人的手所造成。人生在世,意识到自己的这种崇高的任务,那就是他的无上的快乐。"屠格涅夫谈的是人生价值的问题,而我关注的却是其中的"意识"二字,能意识到当然就有可能获得这种无上的快乐,但若意识不到则基本不可能获得。因为,我们永远都做不好我们意识之外的事。

对于学生而言,我认为最需要具备的是以下六种意识:生命与使命意识、形象与人品意识、感恩与担当意识、目标与规划意识、执行与反思意识、竞争与合作意识。

敬畏生命,心怀使命;树立形象,优化人品;感恩付出,担当责任;目标设定,合理规划;执行有力,反思到位;敢于竞争,善于合作。一个学生如果能具备这六种意识并在这六种意识的指引下去学习、生活,只要天赋不那么差,就没理由不收获一个有价值的人生。但很多学生却做不到这些,所以只能抱憾。

从事教育工作这么多年了，我经常听到一些学生这样说："老师，你说的道理我都懂，但我就是做不到。"我想说的是，大凡这样说的学生，其实并不是真的懂，他们只是觉得这都不懂有些没面子，所以才把做不到归结为这样那样的客观因素。举个例子，每堂课前把自己的课桌桌面简单整理一下，既能收好上节课的物品、准备下节课的物品，也能让桌面整洁有序，给自己一个积极的心理暗示，还能对身边的同学产生示范效应。按理说这事儿应该很简单易行吧，但一些学生就是做不到。你问他，他要么说忘了，要么说时间太紧顾不上，反正不承认自己觉得这事儿没意义。再比如，上课回答问题声音要响亮，这样既锻炼了胆量，也能保证让每一个同学都听到，不至于浪费大家的时间，更是对提问者老师和听课者同学最起码的尊重，但有些学生无论你怎么引导他大声说话，他都是声细如蚊。

人只有真正认同一件事，才愿意去做好它。所有被迫的行为，结果都不会太好，整理书桌如此，回答问题亦然。

改变确实是一件挺难的事儿，因为这意味着你要离开舒适区。虽然很多舒适区已经发霉了，但那熟悉的霉味儿也会让人感到安全。"葛优瘫"就"葛优瘫"吧，虽病态，但安逸。所谓积习难改，正是此理。

那些在夏夜大腹便便还肆意露出肚子在公园纳凉的人，那些在晚上开车时一直开着远光灯丝毫不顾及他人的人，那些踩着地上的一片狼藉还能正常听课的学生，那些用经常飙脏话的嘴读美丽的中国诗词的人，他们绝没有最基本的形象意识。

好的意识是稀有资源，智慧的大脑才配拥有它。慵懒的大脑呢？懒得拥有它。

如果你意识不到父母总有一天会离开你，你就不会珍惜他们；如果你意识不到老师是渡你到彼岸的人，你就很难把每一堂课都当作一次救赎；如果你意识不到改错的重要性而只是盲目刷题，你就不能实现每天进步一点点；如果你意识不到读书的重要性而只知道看手机，你就无法告别"俺也一样"；同理，如果你意识不到青春的短暂，你也就一定不会懂得青春的可贵。

有人说努力这件事最美好的意义就是，你将来能遇到你比较喜欢的人和事。反之，你不努力，你将来遇到的就是你比较讨厌的人和事，自己也会成为让自己讨厌的那种人。可是，还是会有人浑浑噩噩，不求上进，在通向讨厌自己的那条路上马不停蹄。

我们永远都做不好我们意识之外的事。

当我再次强调这句话的时候，我悲哀地意识到——我这句话对某些人而言，依然无感。

2020-11-30

难怪她如此让人喜欢

那天看了李子柒制作竹沙发的视频短片，看完我想说，她如此让人喜欢是有原因的。

按理说，短短几分钟的视频，能有多大的信息量呢？可是李子柒就是可以用这几分钟征服你。

她真实。从砍竹子、扛竹子，到安榫卯，再到烘烤，每一步都交代得清清楚楚，每一项劳动都是自己动手完成。看着一个小女子把锯子、凿子等家伙什儿用得纯属如斯，你多半会问自己一句：我能做到么？

她美丽。身段苗条，但什么活儿都拿得起来；不施粉黛，但目光永远温暖而坚定。而且她也确实懂审美，无论是自己的穿着还是对沙发的布置，都让人赏心悦目。看起来很简单的东西，但就是觉得那么美，那么动人。

她多才。她会做兰州拉面等各种美食，也会做竹沙发这样的木工活儿。我感觉只要她想，她应该什么都能学会。所以我们经常能看到这样的评论：还有这位姑娘不会的么？我始终认为，一个人只要永葆自我更新的意识，就会永远年轻。李子柒在不断地更新自己，她的学习力和执行力都是一流的。她不是一个弱女子，而是一位伟大的造物主。

她孝顺。她的每一个视频里几乎都有奶奶的身影，好吃的，做给奶奶吃；竹沙发，邀请奶奶坐。两人有时会唠几句家常，有时则只是安静地一起虚度时光。陪伴是最长情的告白，承欢于膝下才能让孝道更扎实地落地。

她恬淡。李子柒是生活的极简主义者，现代文明的影子比如电脑、手机等在她的视频中几乎不存在，有的只是青山秀水与一粥一饭。对于辗转奔波的都市人而言，李子柒活成了他们想要的样子。

真实，则可信；美丽，则可爱；多才，则可敬；孝顺，则可亲；恬淡，则可羡。而一个可信可爱可敬可亲可羡的人，你又怎么会不喜欢呢？

人的审美虽说不尽相同，但基本审美大体上其实是一样的。谁会喜欢虚伪做作的人？谁会喜欢与丑为伍的人？谁会喜欢拒绝自我更新的人？谁会喜欢忽视老人的人？谁会喜欢忙得丢了灵魂的人？不用说别人，就是自己，也会不喜欢这样的自己吧？

最终让自己活成了自己讨厌的样子，一定是这世上最悲哀的事情之一。

几分钟的视频，传递给观众的是艺术家的诗意，是劳动者的尊严，是守护人的韧劲儿，更是创造者的幸福。泰戈尔说："上帝在创造世界中创造了他自己。"那么李子柒就是在创造美好中创造了她自己。

谁会不喜欢美好的事物呢？

可砍可伐，可烹可炸；可动可静，可俗可雅；可惊艳时光，可温柔岁月；可采果山下，可身骑白马。可认真生活，可诗意栖居；可忙忙碌碌，可潇潇洒洒。

难怪她如此让人喜欢。

如果，你也想成为一个让人喜欢的人，不妨也学一学她。做好手中之事，珍惜眼前之人。先把心思变成日子，再把日子变成诗，最后把诗变成一朵朵——心田的花。

2022-07-09

知耻近乎勇

《中庸》有云：知耻近乎勇。意思是说知道羞耻并积极改过，就接近于勇了。

知耻是前提，马克思认为耻辱感是一种向内的愤怒，耻辱本身已经是一种革命。晋代的周处上山杀猛虎，入海斩恶龙，与恶龙缠斗了三天三夜，同乡的人都认为他与之同归于尽了，无不欢喜。周处大胜而回，得知这一现实后完全没有了胜利的喜悦，只有深深的耻辱感。原来自己在人们心目中比那猛虎与恶龙还要可恶。周处明白了这一点，努力改过，终成一代名臣。这个故事虽然只是传说，但在胜利之时，能给自己泼一盆冷水，让自己去清醒地认识自己，实属难得。

改过是关键。只知道耻辱，但懒得改过，是没有意义的，这种人就是传说中的积极的废人。也就是什么道理都懂，但没有丝毫行动力的人。苏轼、苏辙的父亲苏洵二十多岁还在整日游山玩水，他的妻子程夫人面带忧虑又不好劝说，只好把全部希望都寄托在两个儿子身上。苏洵母亲病故，回家守丧的二哥苏涣有意问苏洵：兄弟你遍游名山大川，能

| 知耻近乎勇 |

不能写下来让哥哥也开开眼界呢？苏洵一肚子想法却无从着笔，非常惭愧，再加上了解到苏家祖上的一些优秀人物，比如汉代的苏武、唐代的苏味道的事迹，更是惭愧。于是他发愤苦读，终于成为一代大家，与两个儿子合称"三苏"。

耻辱感是一种内在的痛感，也就是因为明白了自身的某种欠缺而难受。无论周处还是苏洵，都是因为找到了自己灵魂的痛点，这才决心告别过去，重塑自我。

耻辱感来自自尊心，一个自尊水平极低的人很难产生耻辱感。雨果说："人是唯一会脸红而且应该懂得脸红的一种动物。"其实可以改一改——有自尊心的人是唯一会脸红而且确实懂得脸红的一种动物。没有自尊心、不会脸红的人则是另一种动物。两者的交集微乎其微。当然还有另一种动物，那就是没有自尊心，不会脸红，还不以为耻反以为荣的人。这样的人和有极强自尊心的人毫无交集。比如前不久因对方让座慢而用歧视性语言谩骂对方的北京"正黄旗大妈"。我不知道为何外地人就臭了，也不知道为何去北京就是要饭的，更不知道都已经中华人民共和国了，为何还拿八旗子弟来标榜身份。对此种宇宙乾坤四海八荒的无敌大妈，我只想说一句：您这位前清的格格犯不着在公交车上跟外地人置气，您去坐自己的八抬大轿不就得了。

教书十五年来，我接触过许多学生，那些懂得脸红并且意志坚定的学生往往能取得更为优异的成绩，他们能让优秀成为一种习惯，在每一次不够优秀时能够及时脸红并痛定思痛寻求超越。这样的学生眼里发光，脚下生风，令人看着安心。学校需要这样的学生，国家也需要这样的青年。

这几年常听说"佛系"这个词，也就是不好不赖，凑凑合合。这样的人，无疑是缺乏耻辱感的。其实佛是讲因果的，成佛是需要勇猛精进的。罗汉、菩萨、佛，每一个级别都需要刻苦修炼。一个没整明白佛是怎么回事儿的人，还是别拿"佛系"这个词说事儿了。佛家修炼者敲的是木鱼，取其昼夜常醒之意，因为鱼在白天黑夜都是睁着眼睛的。一个昼夜常醒且勇猛精进的人，哪里是不好不赖凑凑合合几乎没有什么耻辱感的人可比的？

  知耻近乎勇。当你感受到了自己灵魂深处传来的疼痛感，就离勇敢很近了，那个时刻也随之成为一个神圣的时刻，因为在那一刻，你离那个真实的自己如此之近。去做一个清醒的勇者吧，可以脸红，但无所畏惧。

2021-06-09

好学近乎知

《中庸》有云：好学近乎知。意思是说爱好学习，就接近于智慧了。智慧是生命所具有的基于生理和心理器官的一种高级创造思维能力，包含对自然与人文的感知、记忆、理解、分析、判断、升华等所有能力。

对于高中生而言，好学的目的不是考一个好大学，而是拥有智慧。从某种意义上说，每个想在这个世上活得更好的人都应该是终身学习的践行者。

都知道新疆很大，但如果不学习，你一定不知道新疆到底有多大。新疆面积166万平方公里，比河南+山东+河北+北京+天津+山西+陕西+湖北+安徽+江苏+上海+浙江+湖南这13个省市加一起还要大一点儿！我是河北人。去年开车从衡水桃城区到承德避暑山庄每小时125公里，开了五个多小时，累够呛。但这也未达到河北的纵深距离。而河北只有18.88万平方公里，约占新疆的九分之一。说到这里，你可能还是不知道新疆有多大。让我告诉你，新疆相当于46个台湾，100个北京，260个上海，223个广州。与其他国家相比，新疆相当于2个土耳其，3个法国，4个日本，5个越南，7个英国，16个韩国，40个丹麦，55个以色列，90个科威特，2290个新加坡……而新疆只占我国国土面积的六分之一。我们继续：我国陆地面积占全球陆地总面积的6.44%；全球陆地面积占全球总面积的29%；地球的体积是太阳的130万分之一；如果银河系里的恒星平均质量与太阳相近，那么银河系里大约有1000亿颗恒星，也就是说太阳是银河系的1000亿分之一；银河系的直径是10万光年，目前可观察到的宇宙的直径是140亿光年……

如果说新疆已经大得吓人，那么宇宙之大该用什么字眼来形容呢？抱歉，从人类的字典里是找不到的。

如果不学习，我们一定不知道我们有多渺小，我们又该对这个世界抱有怎样的敬畏之心。

人类确实渺小，每个个体更渺小，毕竟地球上有70多亿人，但你可知道，人体内有40亿到60亿个细胞，100亿个细菌，还有7×10^{19}亿个原子。与原子相比，我们就是它们的宇宙。

如果不学习，我们一定不知道我们有多浩瀚，我们又该对自己抱有怎样的珍爱之心。

不懂敬畏自然，不会有智慧；不懂珍爱自身，也不会有智慧。

你知道刘邦只比秦始皇小三岁么？你知道关羽比刘备大么？你知道张飞是个帅哥且书画皆佳么？你知道"衣冠禽兽""明目张胆"原本都是褒义词么？你知道宋朝以前老百姓只吃两顿饭么？你知道老版《三国演义》电视剧中不应该出现玉米棒子么？你知道《康熙王朝》电视剧里孝庄皇太后不能自称孝庄么？你知道小燕子该叫乾隆"汗阿玛"才对么？你知道为什么雍正不可能篡改诏书么？如果不学习，你很可能也会人云亦云，丧失应有的判断力。善于判断即是智慧。

我们模仿鱼的样子造船，船尾用来摇动的木浆就是鱼儿晃动的尾巴。我们借鉴鱼鳔的功能发明了潜水艇，我们看到锯齿草而发明了锯子，我们了解到蝙蝠回声定位的本事而发明了雷达，我们学习飞翔的鸟儿而发明了飞机，我们学习蝴蝶而发明了大大减少伤亡的迷彩服，我们模仿青蛙的眼睛发明的电子蛙眼使飞机降落得更为准确，我们模仿蜜蜂的眼睛研制出了偏振光导航仪并已广泛用于航海事业。如果不学习，我们如何去征服星辰大海？懂得借鉴即是智慧。

理性分析即是智慧，从容应对即是智慧，能看得更深更远即是智慧，能活得更暖更真即是智慧，有意识地让自己靠近智慧即是智慧……

知天文地理，懂古往今来，看自然万物，悟百味人生，好学近乎知啊。

反过来说，不好学，则孤陋而寡闻，当然也就与智慧失之交臂了。

人与万物相比，贵在拥有更高的智慧。那么，就做一个终身学习的人吧，这样的人，才是名副其实的万物之灵！

2021-06-17

力行近乎仁

《中庸》有云：力行近乎仁。也就是说任何一件值得去做的事都竭尽所能去做的人，离仁者也就不远了。仁者即有德行的人。努力做事与有无德行有何关系呢？我的理解是努力做事就是看重这件事，也看重自己这个人，如此把事儿当事儿，把自己当人的人，当然也就是有德行的人，至少离有德行者不远矣。反而言之，提了不算，说了不干，不说事儿，不靠谱儿，德行自然有亏。

力行需要虔敬以待。

日本邮政大臣野田圣子，曾是日本内阁中最年轻的阁员，也是唯一一位女性大臣。她的事业从喝厕水开始。野田圣子的第一份工作是在帝国酒店打工，受训期间她需要每天把马桶抹得明亮可鉴才算过关。这项既粗重又污浊的工作让她极度厌烦。直到有一天，一名前辈在清洁完马桶后居然伸手盛了满满一杯厕所水当着圣子的面一饮而尽，即向她证明经他清洁过的马桶干净得连水也可以饮。此时，野田圣子才发现自己的工作态度有问题，而这种态度根本没资格在社会上肩负起任何责任，于是她对自己说:"就算一生要洗厕所,我也要做个洗厕所最出色的人。"训练课程的最后一天,清洗完马桶之后,她也毅然喝下了一杯厕所水。

我讲这个故事当然不是教我的学生如此饮水,而是想告诉我的弟子们,做任何事的态度其实都是人生态度。做什么事都凑凑合合,马马虎虎,得过且过,事情搞砸了,你的人品也自然令人生疑。尤其是那些关系重大的事,对于学生而言,学业当然是最重要的,可是你若既不走心,又不出力,那不是德行有亏,是什么呢?至少虚度了自己的大好年华,辜负了父母的殷切期盼,浪费了国家的教育资源。前不久发生的高考考生迟到十七分钟被拒绝入场的事便是如此,没有天灾,也没有人祸,可你偏偏在如此重要的人生关口迟到,又能怨谁呢?

力行需要矢志不渝。

1960年7月,袁隆平在农校试验田中意外发现一株特殊性状的水稻。他利用该株水稻试种,发现其子代有不同性质。因为水稻是自花授粉的,不会出现性状分离,所以他推论其为天然杂交水稻。随后他人工去除雌雄同蕊的水稻的雄花,授以另一个品种的花粉,尝试生产杂交品种。1961年春天,他把这株变异株的种子播到创业试验田里,结果证明了1960年发现的那个"鹤立鸡群"的植株,是"天然杂交稻"。他当时是一个民校教师,但面对国家的严重饥荒,他立志用农业科学技术击败饥饿威胁。1964年7月5日,他在试验稻田中找到一株"天然雄性不育株",经人工授粉,结出了数百粒第一代雄性不育株种子。1965年7月,袁隆平又在14000多个稻穗中逐穗检查到6株不育株,并在此后两年播种中,共有4株成功繁殖了1~2代。其研究彻底推翻"无性杂交"学说,并推论水稻亦有杂交优势。去世前,他还在搞研究,还在寻突破。他的目标是让所有人免于饥饿。一辈子,一件事,初心不改,壮心不已。

难的不是走了很久，而是走了一生。如袁隆平先生那样，可以为一件造福百姓的事倾其所有并矢志不渝的人，是大德之人。

学业也好，事业也罢，不虔敬，就容易得过且过；不守志，就容易半途而废。对于一个力行者而言，虔敬以待与矢志不渝，二者缺一不可。

力行，力行，无"力"，是不行的。"勤"者要有"力"，"勇"者要有"力"，"劳动"要有"力"，"努力"要有"力"，"勉励"要有"力"，如此，才能用这种种"力"换来"功勋"啊。

除了学业和事业外，其他有价值的事也需要力行。去力行"天下兴亡，我的责任"，去力行"人人为我，我为人人"，去力行"尽孝要趁早"，去力行"万物皆可爱"，去力行"因为懂得，所以慈悲"，去力行"因为有过，所以宽容"，去力行……力行近乎仁。

虔敬以待，矢志不渝，亲身实践，执着无悔。这世间任何一件值得我们去做的事，都值得做好。

2021-06-18

人而无信，不知其可

《论语》有云：人而无信，不知其可也。大车无輗，小车无軏，其何以行之哉！这句话的意思是：一个人没有信用，还能做什么呢？这就像大车没有车辕与轭相连接的木销子，小车没有车辕与轭相连接的木销子，它靠什么行走呢？

"信"这个字，左边是个"人"，右边是个"言"，所以"信"可以理解为人要对自己说的话尤其是做的承诺负责。无"责"则无"信"。而"责"字又是"债"字的古字。欠债还钱，天经地义。

从小到大，我听说过的最讲信用的人便是一位还债者，她叫陈金英。

2011年，陈金英因经营羽绒服厂不善，欠下了2077万元的巨额债务，投资1600万元建设的厂房以900万元变卖，还卖了市区两套房子，但手头仍有300多万元的欠债和2万余件存货。此时，她做了一个几乎任何人都做不出的决定——所有在厂里上班的家属全部清退股份，留自己和老伴儿扛起债务。这位81岁的老人字字铿锵地说道："钱是我借的，我不会让子女帮我还钱，他们也还不出这么多钱。"

有人让她申请破产保护，这样便可以不必承担过重的还债压力，可她坚决不答应。创业初期，陈金英曾前往温州乐清进货，待原料发回时，发现里面混杂了大量硬梗的"碎毛片"，而收了全款的卖家早已携着款子不知所踪。这件事令金英老人至今耿耿于怀。她说："我吃过失信人的亏，自己更不能成为那样的失信人。"话，都是说来简单做来难的。因偿还能力有限，有的债主等不及，纠集一帮壮汉围堵到两位老人的门口。老人说："债我一定会还。但你们要是打我这个老太婆，一分钱都拿不到！"某一年除夕，来势汹汹的债主深夜前来催债。老人只好先把家里唯一一笔钱即外孙刚给的 2000 元钱给了对方。老伴潘英武身体不好，受不起这样的罪，不久就去世了。

还债的那几年，陈金英的每一分钱都要拿去还债，她从不买新衣服，衣服都是用碎布料自制的。在人生的最后几年，老伴儿曾提出想去毛主席故居看一看，但因债务过重，没能成行。这成了潘英武，也成了陈金英永远的遗憾。

老伴儿去世之后，大家都以为陈金英老人会支撑不住，但自己说过的"私人的欠款，不能不还"以及"做一个人要诚实守信，不能让别人吃亏"这些话又让她倔强地站了起来。她东拼西凑了一些钱租了间店面，用来出售那些库存的羽绒服。但因店面不起眼，只能靠摆地摊提高销售量。冬天羽绒服好卖些，陈金英凌晨 5 点就出来摆摊，风雨无阻。我不由想起白居易《卖炭翁》中的两句诗：可怜身上衣正单，心忧炭贱愿天寒。就是这样，金英老人还给了银行 55 万元，银行被其感动，给她送去了一张鲜红的感谢信。

一个个令人久久无语的老赖的故事我们听得太多了，谁能想到一位 80 多岁的老人能如此践行这个"信"字呢？她的故事被更多人知道，人们纷纷涌到她的小店儿去买羽绒服。更有一家慈善机构购买她的羽绒服，然后分发给养老机构的老人。到 2019 年，靠着自己不懈的努力和社会爱心人士的帮助，她手头债务只剩下亲戚好友的 30 万元。2020 年春节，陈金英回老家金华市还给侄子 7 万块钱，至此，2077 万元债务，悉数还清。她将已经发黄的借条撕得稀碎，从此一身轻松。这一年，她已是 90 岁高龄了。

侄子感慨说自己原本早已做好钱打水漂的心理准备，没想到老人家坚持要兑现自己的承诺。

金英老人说："我准备去考个中医医师资格证。说不定我能活 100 多岁哩！"这样的老人，这样可敬可爱甚至可畏的老人，活 200 岁都不算久。身边多一些这样心中有底线、肩膀有力量、眼里有热望的人，我们的世界该多么美好。

还记得六年前我带毕业班的时候，曾经让弟子们说出自己的考试目标及未达成目标的自我惩戒方式。有几个男生说考不到想达到的名次就利用体育课在操场上跑五圈，我说我会陪他们一起跑。后来果然有未能达成目标的，我也果然陪他们跑了五圈。虽然气喘吁吁，虽然汗流浃背，虽然无法保持之前的挥洒如意，但听到越来越多的弟子们喊"老班儿加油"，我觉得自己特别酷。

"言"而有"信"，"债"而担"责"，如此才对得起顶天立地的这个"人"字啊。言而无信，欠债不还，这样的人，无论朝哪个方向走，都是逆风。

《西游记》"三藏不忘本，四圣试禅心"一章中唐僧问沙僧可愿意留给人家做女婿，沙僧说："怎敢图此富贵！宁死也要往西天去，绝不干此欺心之事。"仅此一句三观超正的掷地有声之语，老沙便无愧金身罗汉的封号。

说"学不成名誓不还"的你，如今身在何处？说"青春无悔"的你，如今可后悔了么？说可以将老父老母的幸福扛在肩上的你，如今力量如何？说要把这个大大的世界尽收眼底的你，如今囊中几多？

人而无信，不知其可。

当我们慎重而笃定地肩负责任、扛起承诺的时候，其实也就是托举起了自己的人格。

2021-06-19

闲时吃紧，忙里悠闲

《菜根谭》有云："故君子闲时要有吃紧的心思，忙里要有悠闲的趣味。"也就是说闲在时要居安思危，未雨绸缪；忙碌时要好整以暇，劳逸结合。听起来简单，做到却实属不易。

闲在时，神经松弛，谁愿意在躺着睡大觉时想可能面临的困境？忙碌时，神经紧张，谁又能在全速前进时看天上舒卷的白云呢？前者自我加压，需要忧患意识；后者自我调节，需要审美意识。在忧患意识中求生存发展，在审美意识中得情趣享受。创造生活和享受生活都是生活。生活，本就应该有张有弛。

有的学生不到考试周就紧张不起来，干什么都没效率，这便是没有吃紧的心思。有的学生只知道学学学，把与生活美好之处相连的触角统统斩断，这便是没有悠闲的趣味。不吃紧则松松垮垮，不悠闲则紧紧张张。松松垮垮最是消磨斗志，紧紧张张也容易让人麻木僵化。前者是奴隶，为慵懒所俘获；后者亦是奴隶，为单调所驱使。

学生如此，老师亦然。赶上假期，也不能忘了读书充电，越有意识充实自己的大脑，遇到困难才越能从容不迫；面临高考，也不能省了唱歌健身，越有意识调适自己的心态，遇到关卡才能微笑以对。葛优躺不可取，工作狂亦不可取。闲散闲散，闲了，人就容易散；绷断绷断，绷的劲儿过大，弦就容易断。

闲时要有吃紧的心思。你看动物界处于食物链下层的动物们比如羚羊、野兔，哪怕是吃草喝水时，也会环望四周，非常机警。你再看中国历朝历代的亡国之君比如隋炀帝、宋徽宗，哪怕灾患已到了眼前，依然醉生梦死，得过且过。谁说人就一定比动物高贵呢？

忙里要有悠闲的趣味。你看美国前总统奥巴马，无论身居什么样的位置，有多忙碌，他总会抽出时间，尽量陪伴在女儿身边。在长达21个月的总统竞选争夺战中，奥巴马没错过孩子的任何一个家长会。他教孩子游泳，他带孩子滑旱冰，他观看大女儿参加的足球比赛，他给孩子读了整整七大本《哈利·波特》。他的个人社交账号的认证信息上写的是父亲、丈夫、第44任美国总统——他从不让工作戕害生活。反观一些所谓工作狂，将工作等同于生活，一旦工作停下来，整个人就会百无聊赖。这是多么可悲又可怜的一类人呀。要知道，美景不可错过，情感不可辜负。眼睛要亮，心灵要明。

《牧羊少年奇幻之旅》一书中，国王告诉追寻幸福的少年必须既能看到身边的美景又不忘手中勺里的油，如此才能收获幸福。

闲时吃紧，忙里悠闲，收放有度，动静相宜。我们需要披荆斩棘，快马加鞭，去征服星辰大海；也需要看山观水，神思遨游，去感受天地大美。不浪费生命，亦不耗损生命，是大智慧。

心中有追求，眼前有风景。如此，才算得上精彩人生。

2021-06-23

我，是自己的礼物

在这个世上，没有人比我们自己陪伴我们更久，也没有人比我们自己更能对我们的心情感同身受。陪得最久，懂得最多。我们，岂不是对自己最最重要的人？

面对如此重要的人，我们当然要好好爱他（她），爱自己，是一件特别重要的事。

爱自己，才会快乐。

我认为人活一世最大的幸福就是快乐。而一个不够爱自己、不愿接纳自己的人，是不可能快乐的。无论你是矮穷丑，还是恶疾缠身，活着本身就是恩赐。每一个被我们诅咒的现在，都是那些逝去者无法企及的未来。

澳大利亚年度青年尼克·胡哲与我同龄，同为 1982 年生人。他一出生就四肢不全，只有一个带着两个脚趾的小脚。父亲在看到这个"怪物"时忍不住跑到产房外呕吐，母亲则在他四个月大时才敢抱他。但就是这样一个上帝的弃儿，学会了游泳，对滑板和足球也很在行，并成为一名优秀的演讲家。2012年，他与一位善良而美丽的姑娘结婚，2013年，他的儿子出生，小家伙儿身体健康、四肢健全。尼克·胡哲曾说："上帝在我生命中有个计划，通过我的故事给予他人希望。"网上那么多他的照片，几乎每一张上的他都在微笑。他是快乐的。那微笑传递温暖，亦传递力量。

爱自己，才会积极。

快乐是心情，积极是行动。积极的行动能让我们变得更好，当然也会让我们更快乐。临渊羡鱼，不如退而结网；怨天尤人，不如逆天改命。

露易丝·海女士是美国最负盛名的心理治疗专家，杰出的心灵导师，著名作家和演讲家。她著有《生命的重建》一书。书中一句话给我的印象尤其深刻：当下的自我赞许和自我接纳是让我们生活的每个方面出现积极变化的关键。

以下是百度中对她个人履历的简介：自幼父母离异，5岁时遭强暴，少年时代一直受到凌辱和虐待。后来逃到纽约，历经坎坷，成为一名时装模特，并和一个富商结婚，但14年后又被丈夫遗弃，后来又被确诊为癌症……但就是这样一个人，战胜了癌症，完成了代表作《生命的重建》，畅销2000万册，创建了名为"海瑞德"的艾滋病救援组织，使千千万万的人因之受益。这位伟大的女性被世界各地的媒体亲切地称为"最接近圣人的人"。

谁不想有人爱有人疼？谁不想事事平顺岁月静好？但人生不如意事十有八九，沉浸在悲伤与痛苦中无法自拔，只会让事情变得更糟。自暴自弃的是自己，自强自立的也是自己。积极行动起来，才能为自己的人生加分。

爱自己，才会爱别人。

积极行动是提升自己，爱别人则是给予他人。这是爱自己最大的意义。爱自己的力气够，才有余力爱别人；一个不爱自己的人，即使爱着别人，对被爱者而言，这份爱也绝不是享受。

太宰治《人间失格》中的一句话非常有名，说的是"生而为人，我很抱歉"。太宰治自杀过5次，最后一次终于成功。他是与情人一起投水自尽的。成为这样一个人的情人，是一件灰暗的事。"人间失格"即丧失了为人的资格。太宰治曾说："我知道有人是爱我的，但我好像缺乏爱人的能力。"为何缺乏这种能力？其实很简单，一个不想活的人，也就是一个不够爱自己的人，怎会有能力爱别人呢？他说自己这一生"回忆起来，尽是可耻之事"。《人间失格》也是一部非常丧的书。

爱别人时，你会因为这世界上有你爱的人，而变得愈发温柔，愈发容易动情。这样的你才不枉来这世上一遭。活过，爱过，才是一个人最骄傲的履历。

爱自己，让你快乐、积极，并有能力去爱别人。快乐让你幸福，积极让你充实，有能力爱别人让你温柔。而一个幸福、充实而温柔的人，应该就是这个世上最最可爱的人了吧？我的弟子们，所有的年轻人，请睁开你明亮的双眼看一看这多彩世界——万物可爱，人间值得。

王尔德说："爱自己，是终身浪漫的开始。"

把生命抱紧，把自己抱紧，在挫折与磨难中，在孤独与痛苦时，用左手温暖着自己的右手说一声：我，是自己的礼物。

2021-06-30

那些喜欢干家务的孩子

有弟子跟我说:"老师,这次回家我帮妈妈干家务了。"我说:"为啥叫帮妈妈呢?家务本来就应该人人有份呀。"那孩子就不好意思地摸起头来。

哈佛大学学者曾专门做过一项调查研究,得出一个惊人的结论:爱干家务的孩子和不爱干家务的孩子,成年之后的就业率为15∶1,犯罪率是1∶10。我觉得这个数据不仅惊人,而且夸张。估计是国情不同的缘故。但无论如何,爱干家务对孩子有更积极的影响总是对的。可惜的是,我们很多父母并不把孩子做家务当作一件大事来看,他们觉得孩子好好学习就好,家务事父母做就好(当然半数以上是妈妈做)。

我认为爱干家务的孩子比不爱干家务的孩子至少更具以下六种意识。

第一种,劳动意识。

"家务劳动"这个词告诉我们"家务"本身就意味着劳动。一个喜欢劳动并习惯劳动的人,不仅会有一个健康的体魄,也会有一个阳光的心态。健康体魄好理解,为何心态会阳光呢?因为首先家务劳动让家庭变得更干净整洁，这是一件有意义的事，有意义的事可以让人体的奖励机制给予大脑快乐的回馈。另外，劳动可以促使肾上腺素分泌多巴胺，使人感到兴奋。所以心情不好的时候，不妨投入地去干家务，慢慢心情就会平静下来。

达·芬奇说："荣誉在于劳动的双手。"其实不光荣誉，好心情也是。人任何时候都应该有意识地用有价值的行为去消解无价值的情绪。这才是活得通透者应该有的样子。

第二种，形象意识。

扫地，墩地，擦桌子，一番劳作之后，看着干净整洁的家，就像看着干净整洁的自己。净能生美，人在一个美好的环境中更容易心气平和、信心满满。所以说，干净，就是最好的风水。不让家里杂乱，随时打理，随时归置，尤其自己的书桌。

康德说："大海之所以伟大，除了它美丽、壮阔、坦荡外，还有一种自我净化的功能。"净化家庭，净化自己。当你有意识地去维护家庭的形象时，你便是在用自己最美的姿势活着。

第三种，细节意识。

洗脸洗到脖根，扫地扫到墙角，想让家里干净，要有足够的细节意识，凑凑合合、对对付付，是打造不出一个干净整洁的家的。烟机要认真擦，锅盖要仔细刷，水杯要抹干净，墩地不能出现明显的水印，马桶里的污渍要用毛刷收拾干净。隔一段时间，床下就要扫一次，窗帘就要洗一次……这些都是细节。

老子说："天下难事，必作于易。天下大事，必作于细。"干家务注重细节，做其他事情也会自然而然地精益求精。

第四种，日清意识。

日清意识即把事情一天一清的意识。海尔集团的企业文化就是"日事日毕，日清日高"。我们以家务活儿中的擦烟机下面的墙面为例来说一下。大家都知道烟机下面的墙面又油又滑，处理起来很是麻烦。尤其是长时间不擦的墙面，油污深重，不用钢丝球是断然弄不下来的。但你可以试试每天擦一次，我掐过表，也就半分钟的时间。也就是说你只要每天用半分钟的时间简单用抹布擦一下墙面，就可以省去一月一擦，然后一擦一月的辛苦。

每天做一点儿，就会一点儿都不累，还养成了做事有规划的好习惯。

第五种，感恩意识。

在你干家务也就是参与家庭建设之前，这些事都是父母在做。当你洗衣服洗皱了双手，你要知道妈妈的手在为你洗衣服时皱过无数次；当你在旅游时气喘吁吁地把行李箱装上车，你要知道爸爸也曾常为你做这件事；当你因照看弟弟妹妹累得满头大汗时，你要知道爸爸妈妈也曾在照看你时累得汗流满面。世上几乎所有事情，不去做上一做，是很难知道其中的滋味的。

卢梭说："没有感恩，就没有真正的美德。"如果你觉得你是爱父母并懂得感恩的，那就从与他们一起分担家务开始吧。

第六种，责任意识。

家务家务，一家的事务，每个人都有份。父母不应剥夺孩子参与家庭建设的权利，孩子也不应推卸参与家庭建设的义务。饭需要做，碗需要刷，衣服需要洗，烟机需要擦，花需要浇，鱼需要喂，被子需要晒，书架需要整，煤气是否泄漏需要检查，电路是否有隐患需要留意，弟弟妹妹需要照顾，爷爷奶奶姥姥姥爷也需要关爱……这所有的事儿，都意味着责任。

有人说责任就是对自己要去做的事情有一种爱，不愿意干家务的孩子，往往责任意识淡薄，也往往不够热爱生活。

劳动意识让人快乐，形象意识让人美丽，细节意识让人精致，日清意识让人有规划，感恩意识让人更幸福，责任意识让人懂担当。

那些喜欢干家务的孩子,就是这样让人喜欢。

各位家长,让孩子干家务吧,孩子不但是你的宝贝,也是家庭的成员、社会的一分子。各位同学,让自己干家务吧,你不但是一个受宠爱的孩子,也是一个有动手能力有温暖内心的青年。

2021-07-01

延迟满足

延迟满足是指一种甘愿为更有价值的长远结果而放弃即时满足的抉择取向，以及在等待期中展示的自我控制能力。它的发展是个体完成各种任务、协调人际关系、成功适应社会的必要条件。说到底，它是一种克服当前的困难情境而力求获得长远利益的能力。

20世纪60年代，美国斯坦福大学心理学教授沃尔特·米歇尔设计了著名的关于"延迟满足"的实验。实验中，虽然孩子们只要多忍耐一会儿就可以得到更多的棉花糖，但眼前棉花糖的吸引力还是让很多人放弃了抵抗。抵制诱惑，抵制即刻的获得感，在当今这个娱乐元素充斥天地的时代，尤其是一件不容易的事。

以读书和看手机短视频为例：大家都知道读书的好处远大于看手机短视频。但读书不能给人以即刻的获得感，或者说感官刺激，而手机短视频是可以的。你喜欢看搞笑视频，于是该软件便投你所好，推送该类视频给你。只要你愿意，一天你都可以笑个不停。笑个不停也刷不完此类视频。只要你的手机还有流量，只要你的手机还没有冒烟

延迟满足

儿,只要你的眼睛还能睁得开,只要你的视网膜还没有脱落,只要你的手还能点开视频,只要你还有一口气在,你就可以一直看下去。这就叫注意力收割。而书是做不到这些的。书没有大数据智慧推送功能,书只能期待被发现,被挖掘,被某颗心呼应,被岁月珍藏。而期待本身,要被动得多。

但我们更需要的不是笑个不停,而是手不释卷。不仅仅因为书可以开阔知识、启迪智慧,最重要的是,读书能帮我们培养想静下来就能静下来的一种能力。这种能力会让我们一生受益。

唐代权监仇士良所总结的自己政治生涯的心得体会,堪称混迹官场的经典教材。核心意思是任何时候都不能让皇帝闲着,皇帝一闲下来就会琢磨事儿。应该时时以奢靡享乐之事来诱惑他,使皇帝闭目塞听,沉溺于宴乐中,没工夫处理政务,然后才能得志。还有就是千万不要让皇帝接近儒生,否则皇帝一旦知晓前朝的兴亡,内心便会有忧惧,就会疏远自己了。

总之就是让皇帝舒舒服服地追求享乐,别让他动脑;让皇帝浑浑噩噩地寻求刺激,别让他开窍。这么一看,跟手机短视频对人的影响,何其相似!

有人可能会问那为什么人们会这么容易就范呢?其实道理很简单,追求快乐和安逸是人的本性。从生理学上来讲,大脑本来是拒绝思考的,因为思考便意味着消耗能量。消耗能量,人就会觉得累。而累,是与人的天性相悖的。人脑的重量只占人体重的不到2%,但消耗的能量却占人体整体消耗的20%。如果可以不动脑,还挺开心,大脑会自觉偷懒,当然,长此以往,人也就越来越傻了。所以你也就理解为什么玩手机上瘾的孩子大多目光呆滞了。

延迟满足,意味着格局广大,意味着目光长远,意味着意志坚定,意味着智慧。

你可以立刻从油炸食品中得到满足，但你不这样做，而是健康饮食、合理锻炼，于是你有了一个好身材。你可以立刻从电子游戏中得到满足，但你不这样做，而是专注读书、勤于笔记，于是你有了一个丰盈的大脑。不要忍不住抓过那些棉花糖来吃，人不能主宰自己，永远是一个奴隶。

有所不为，是因为有所必为。想拥有广大美好的世界，就要有乾坤四海的格局；想拥有锦绣灿烂的前程，就要有抵制诱惑的定力。

我认为人最大的幸福，是让那些你在乎的人因你的成功而感到自豪。而人最大的成功，是发现自我并成就自我。所以，当我们定力不够的时候，我们一定要逼迫自己让大脑工作起来。我们要照着镜子很严肃很郑重地问自己一句话：现在这个贪图安逸、目光呆滞的我，能否配得上我想拥有的一切？

2021-07-07

拖延是一种病

有人觉得拖延无非就是干得慢点儿，不算什么大事儿，其实，拖延是一种病。

拖延症指的是明知有害后果的前提下，仍然将原有计划向后推迟导致不良后果的一种自我调节失败的常见精神心理现象。拖延症患者往往会有焦躁、愧疚等负面情绪，久而久之会让人变得迟钝与麻木，随波逐流，得过且过，最终一事无成。

拖延症常分为三种类型。第一种是鼓励型，即期待着在最后时限再完成任务从而收获由突击所带来的快感。这种类型相对来说比较积极，至少是想完成任务的。第二种是逃避型，他们逃避由失败所带来的耻辱感，因此更希望别人觉得自己没努力，而不是没能力。这种类型带有很明显的自欺性。第三种是决心型，他们以未下决心为由回避、拖拉相应的事务。这种类型的自欺性更严重，因为他们觉得自己可以努力，也有能力，只是暂时还没下定决心而已。三种类型，渐次加重。

什么样的人容易有这种症状呢？

没有目标的人：比如数学严重偏科，却从没想过要解决这个问题，就会拖延。

有目标但无规划的人：数学偏科，想解决这个问题，但没有一个清晰的规划，依然被动学习，就会拖延。

有规划但拿着这件事不当回事儿的人：有规划，却依然觉得自己的数学虽然差但还不算致命，还能凑合过去，就会拖延。

拿着这事儿当回事儿但容易被其他事务绊住的人：觉得自己的偏科是致命的，但理不清学习的头绪，不能抓住要害来安排学习，就会拖延。

没有被闲杂事务绊住但贪图享乐的人：能抓住要害，但没有常性，学一会儿，玩儿一会儿，无法有意识地去延迟满足，就会拖延。

不贪图享乐但觉得坚持下去也得不到别人认可的人：特别渴望被认可，而自我认可能力又很差，做不到自我悦纳、自我勉励，时间久了，会觉得改进与否意义不大，就会拖延。

拖延症患者都是被动型人格。这种人格主要表现为对自己人生的无力感。拖延症患者对自己没有把握，所以责任心淡，意志力差，荣誉感弱，所以就会经常躺平，直至"瘫痪"。可以说，拖延症患者，灵魂不严肃。

《孟子》中有一个日攘一鸡的故事。说有这么一个人，每天都要偷邻居家的一只鸡。有人劝告他说："这不是君子的做法。"他回答说："那我就逐渐改吧，以后每个月偷一只鸡，等到明年，我再也不偷了。"孟子评论说：既然知道这样做不对，就应该马上改正，为什么还要等到明年呢？

你想完成一个任务，并且认准了这个任务对你很重要；或者说这个任务并不是那么重要，但只有完成它才能开始其他重要的任务；再或者说无论这个任务重要与否你都想让自己成为自己的主宰，那么拿到这个任务，你都应该立刻马上现在就去做。不找理由，没有借口，清晰规划，强力执行——行动起来就是王道。

不拖延的人，可以做更多的事，走更远的路，看更多的风景，也就是说比拖延症患者拥有更长且更有质量的一生。最重要的是可以有一种对自己人生的把控感，而这种把控感又可以让我们收获生而为人——这一万物之灵的高贵感。

鸟不搭窝，冬寒难耐；昙花不开，再等轮回。越日程满满的人越精神抖擞，越无事可做的人越呵欠连天。偷鸡不对，就一只都不要再偷了；数学偏科，就一刻都不要再等了。去立刻执行吧，当你真的这样做了，你就会发现，原来自己是这样一个了不起的存在。

都说我们的征途是星辰大海，其实人最终征服的都是自己。你想征服自己么？请从拒绝拖延开始。

2021-07-14

善于幸福

日子越来越好了，抑郁的人却越来越多了，很多人表示自己不幸福。尤其当我看到《幸福课》这本书的时候，我知道，幸福是越来越难了。

哈佛大学心理学家尼古拉斯花了20年时间跟踪调查了5000多人，调查结果表明幸福具有传染性。当人们彼此贴近时，会因为彼此的幸福而变得更幸福。比如，一个人感到很幸福，那么距离他1公里外的好朋友的幸福指数也会上涨15%。如此说来，让自己幸福起来，也算做了好人好事呢。

那么如何才能幸福呢？有人说抱怨少一些会幸福，这个没问题；有人说欲望少一些会幸福，这个也没问题。但是这些顶多算是消极的幸福，而非积极的幸福。积极的幸福一定是要做什么，而不是不做什么。

我认为想拥有积极的幸福有四个途径。

第一个是宽容。黎巴嫩诗人纪伯伦说："一个伟大的人物有两颗心，一颗心流泪，一颗心宽容。"当我们明白众生皆苦，当我们能做到换位思考，体谅他人的难处，我们就能做到宽容。除非对方触及了我们的底线或伤害了我们的灵魂。这几年我一直坚持着在班里实行值日班长汇报制度。学生按照学号，轮流做值日班长，汇报表中有一项是"今天我想对谁说抱歉"。说抱歉者请求宽容，宽容者接受抱歉，二者都会收获安宁与幸福。反而言之，鲁迅先生在其散文《风筝》中写自己想得到小兄弟的宽容时，而对方却完全忘了鲁迅毁他风筝的事，让鲁迅先生的心变成了铅块。

宽容别人就是放过自己。心眼儿小的人喜欢计较，所以很难幸福。

第二个是感恩。卢梭说："感恩是一切美德之源。"我觉得感恩亦是幸福的源头之一。我设计的值日班长汇报表中有一项便是"今天我想对谁说感谢"。你每天都抱着一颗感恩的心，不可能不幸福。我在以前的文章中提到过，活着本身就是恩赐，生命本身就是礼物。而除了生死外，其他好像皆为小事，所以能平平安安健健康康地活着，能用自己的劳动与思考和这个世界建立一种亲密而有力的联系，还有机会让自己的生存处境变得更好，还有能力让自己的人生价值得以实现，便已足够幸福。更不用说在这个世上还有那么多爱你的人和你爱的人，让你加倍看重自己。也不用说在这个世上还有那么多等着你去发现的美好与感动，让你加倍期待自己。

感恩他人，往往会更善待自己。不懂感恩的人喜欢抱怨，所以很难幸福。

第三个是创造。宽容让我们看到自身的开阔，感恩让我们看到自身的谦恭，创造则让我们看到自身的潜力。能发现自己并创造自己，无疑是一种幸福，而且是更高级的幸福。我从23岁开通博客，一直在坚持写文章，至今有80多万字了。每篇文章写完我都会这样想：这个世界上原本没有这篇文章，因为我写了，所以就有了，虽然肯定还不够好。让一篇文章从无到有是一个神奇的过程，不亚于上帝造人。也难怪泰戈尔会说："神从创造中找到他自己。"盘古的幸福在于开天辟地，女娲的幸福在于创造人类。从这个角度上来讲，发明家是非常幸福的人，比如造字的仓颉和发明电灯的爱迪生。我们来到这个世上总得做些什么，一生但为一事来也没什么不好。比如躬身田亩研究杂交水稻的袁隆平，比如埋头棋谱沉醉于黑白世界的吴清源。

创造者在进行创造时也在创造着自己，破坏者善妒，所以很难幸福。

第四个是给予。宽容、感恩、创造是一个人的幸福，给予却是通过付出的方式让更多人幸福，从而让自己的幸福升值。有个老太太总是不开心，心理医生告诉她每天把自家院子里的紫罗兰送一支给邻居并送上一句祝福的话，老人家这样做了之后，很快就快乐了起来。邻居们越来越喜欢她，亲切地称呼她为"紫罗兰老人"。瑞典小说《一个叫欧维的男人决定去死》中想结束自己生命的怪老头儿欧维也是在一次次给予中寻得了生命的意义。"赠人玫瑰，手有余香"说的就是这个道理。可以给予帮助，可以给予关怀，甚至可以简单地与他人分享，这些都能让你收获幸福。给予他人帮助时你能看到自己的力量，给予他人关怀时你能看到自己的心肠，愿意与他人分享时你能看到自己的大方。这是最最高级的幸福。

给予他人的同时也在温暖自己，不愿意给予者吝啬狭隘，所以很难幸福。

幸福并不难，当别人并非故意冒犯我们时，宽容就好了；当我们感受到活着本身就是恩赐时，感恩就好了；当我们能用我们的双手进行一项有意义的工作时，创造就好了；当我们愿意眼睛向外并发现了那些需要我们的人们时，给予就好了。

其实我们可以很幸福很幸福，只要善于幸福就好了。

祝你幸福。

2021-07-15

老家的路

随着年龄的增长,我越来越爱回老家了,无论多忙,无论多累,无论时间多紧张,打定主意就回,哪怕就是陪老爹老娘吃个午饭或晚饭。

去年写了四万多字的"家乡谣"系列。在将童年、少年时期与家乡有关的往事一一回忆时,我感到自己与自己的原生家庭贴得更近了。

我喜欢提前跟爹娘打招呼再回时,家里准备的丰盛的饭菜;我喜欢不打招呼就突然回到家时,爹娘惊喜又嗔怪的表情。知道我回来,估摸着我快到了,爹会早早在门口的过道里溜达,看到我的车开过来了,他让脸上的每一条皱纹都舒展开来,然后说:"这么忙,怎么又跑回来了?"不知道我回来,娘看到我拎着东西往里走,一边伸手作势要打一边说:"小王八羔儿,那么忙,跑回来干吗?"然后又紧接着问:"想吃什么?"如果赶上有串门儿的乡亲在场,还会傲娇地说:"这个臭小子,总是不打招呼就往家跑。"等人家串门儿的说你看你家儿子多孝顺多恋家时还要接着说:"家里爹娘有吃有喝,还总是不放心,老往家跑。这个臭小子！"每逢此时，我总会摆出一副异常谄媚与恭顺的表情，把东西放下，然后过去挽着娘的胳膊说："老太太教训的是，以后儿子一定注意，但是儿子饿了。"娘就会一脸嫌弃实则幸福感爆棚地甩开我的胳膊说："这么大人了，还这么腻腻歪歪的！行了，他爹，给孩子倒碗水，我做饭去。"

喜欢跟爹娘分享工作上取得的一点儿小成绩时他们欣慰的笑容；喜欢偶尔陪爹喝上一杯时他那高兴满足的样子；喜欢带着娘去购物，老人想买啥就买啥；喜欢跟爹一起看他侍弄的小菜园，多年父子成兄弟，聊天也行，不聊天也行。

屋里收拾得很干净，二老把孩子们的照片挂在最醒目的位置。只是这世上有多少儿女会如同他们想念孩子那样时不时都想看到自己的爹娘呢？都说好男儿志在四方，但无论走多远，都不要忘了自己的出发之地。《西游记》中唐王在三藏的酒杯中弹了一些土。三藏不知何故。唐王说："宁恋家乡一捻土，莫爱他乡万两金。"那些把他乡认作故乡的人，也许一辈子都只能是异乡人。

随着孩子就业、成家，慢慢地，老父老母会把儿女当作客人——来，盛情款待；走，出门相送。虽然不少"客人"并不对这份盛情有感。我认为对父母最大的伤害不是跟他们顶嘴，顶嘴至少还有交流。最大的伤害是对他们实施冷暴力。不去看望他们，很少给他们打电话，他们发信息懒得回，他们提醒就嫌烦。父母越来越小心翼翼，在这份小心翼翼中日渐老去。

我喜欢回老家，我喜欢躺在老家我曾经睡过的位置；我喜欢摩挲我曾经摩挲过的那些发黄的书页；我喜欢坐在院子里仰望我童年时曾见过的星星；我喜欢边听风吹过树叶的声音边思考自己的来时去时路；我喜欢被老爹老娘当作一个小孩子来宠爱与叮咛；我喜欢他们因我的到来而感到骄傲与幸福。在这些时候，我常常会想：这世上为什么会有那么多亲子关系紧张的家庭呢？家庭是最小的人类命运共同体。一家人的喜怒哀乐只有一家人才能体会。就凭这一点，也不要伤害你的父母呀。

教书这么多年了，我几乎给带过的每一拨学生都布置了下面这项家庭作业——主动要求父母带着自己去看望爷爷奶奶、姥姥姥爷。我跟孩子们说："他们都曾抱过你们，但他们中有很多还没等来你的哪怕一个拥抱就离世了，不要给自己留遗憾。"好几次我收到了学生家长这样的反馈："张老师，直到您给孩子布置这项作业，我才发现自己已经很久没去看望父母了。"我在所在级部的每一个教室的讲桌上都制作了一个盛放粉笔的木盒，上面写有八个字：爱国、孝亲、尊师、重友。我觉得做到这四点就算是一个有着虔敬之心的人了。而也只有有了虔敬之心，才能让自己的人生路走得既踏实又幸福。

孔子说："父母之年，不可不知也。一则以喜，一则以惧。"孟子说："不得乎亲，不可以为人；不顺乎亲，不可以为子。"我们要始终记得：一旦与父母阴阳两隔，那么今生今世，永生永世，直到地球毁灭、宇宙消亡，我们都不会再见。这一世血浓于水的真情与缘分，值得用生命去珍惜。

前几天回老家，爹娘知道我回去，一个在做饭，一个在用大锅炒花生，我不想让爹受累，我说炒花生挺容易买到的。他拿着铲子略带心酸地说："现在我跟你娘能为孩子们做的，也只有这么多了。"我嘴上没说什么，但在心里好一阵抱歉。

我开车要走了，娘把手从车窗外伸进来向我挥手，爹说你把手拿出来，影响孩子开车。娘就把手拿出去，拍着车身说："路上慢点儿。"我开车出发，后视镜里的他们相依相伴着一直站在那里，像两棵日渐凋零的老树。

刘亮程在他《一个人的村庄》中写道："我没有天堂，只有故土。"

天堂何谓？故土难离。我想跟所有老人尚在的孩子们说：多回老家看看吧。老家的路是最远的，因为要走上一辈子；老家的路又是最近的，因为无论你何时去，家门都会向你敞开。

2021-07-16

追求即是青春本身

追求，即努力寻找与探索。周国平说："追求即是青春本身，是一个人心灵年轻的最好证明。"叔本华也有类似的话，他说："人的本质就在于他的意志有所追求，一个追求满足了又重新追求，如此永远不息。"

人的一生如此短暂，那么我们应该追求什么，才算不枉此生呢？

马斯洛人类需求金字塔理论把需求分成生理需求、安全需求、社交需求、尊重需求和自我实现需求五类，依次由较低层次到较高层次。而自我实现是指实现个人理想、抱负，发挥个人的能力到最大程度，努力挖掘自身潜力，使自己越来越成为自己所期望的那类人物。简而言之就是实现了自我期待。我们这一生如果能做到自我实现，就足够美好了。当然，人生最不美好的事儿，就是渐渐成为自己所讨厌的那种人。

想达到自我实现，我认为需具备以下特质。

第一，较强的接受现实的能力。

孔夫子周游列国无功，返鲁修订《春秋》；邓亚萍个子不高，跳起来进行扣杀。接受现实者，心态阳光。

不愿意接受现实的人喜欢抱怨和嫉妒。我们都知道抱怨最是消磨斗志，因为它会让我们觉得我们的处境不好不是我们的错，是环境或某些人的错。抱怨会让我们以博取同情为诉求，放弃自我成长，失去行动力。嫉妒是因他人胜过自己而产生的一种忌恨心理。抱怨让人消极，嫉妒让人痛苦。巴尔扎克说："嫉妒者受的苦楚比任何人遭受的苦楚更大。自己的不幸和别人的幸福都使他苦楚万分。"所以，接受现实才能减少抱怨，减少抱怨才能主动求变；接受现实才能减少嫉妒，减少嫉妒才能悦纳自己。

过去已过去，未来还未来，想要自我实现，先接受现实。

第二，较强的解决问题的能力。

人生就像唐僧师徒遭遇九九八十一难一样会遇到很多问题，把这些问题一一解决掉我们才能实现打怪升级。那些我们羡慕的成功者，都具备极强的填坑能力。人生不会一帆风顺，只会坑坎满地。能把这些坑填上，则如履平地；填不上，则摔一脸泥。这世上谁都不是上帝眷顾的幸运儿，也谁都不是上帝嫌弃的倒霉蛋。只是有的人愿意解决问题并能解决问题，有的人逃避问题或解决不了问题罢了。彭蕾曾经这样说："无论马云的决定是什么，我的任务都只有一个——帮助这个决定成为最正确的决定。"这不是在拍马屁，这是在解决问题。

脚踏实地提升实力者能把问题变得不是问题，得过且过混日子者慢慢让日子把自己给混了。要么把问题解决掉，要么让问题解决自己。想要自我实现，必须提升实力。

第三，较强的自觉性。

董仲舒目不窥园，鲁迅再不迟到。自觉性较强的人，效率至上。

自觉性是指个体自觉自愿地执行或自主自愿地追求整体长远目标任务的程度，也就是不用扬鞭自奋蹄。人生就像燃起一根火柴，有的人不用别人提醒与督促，能迅速找到一个火把，照亮自己的人生。有的人在别人提醒与督促之下还犹豫不定，取舍不决，等终于找到自己心仪的火把时，火柴却已熄灭。所以说，自觉者便意味着能成为自己生命的主宰。而只有自己生命的主宰者，才能珍惜时间，把握机会，照亮前路，成就自我。

有人说素质就是不用提醒。这种素质其实就是自觉。道德自觉，行为自觉，目标自觉，等等。人生太短暂了，总让人提醒才知道做什么，是在浪费生命；总让人提醒还不知道做什么，是在游戏人生。

第四，较强的创造力。

哥白尼大胆推断，齐白石五易画风。创造力较强者，超越无限。

创造的一个最大特点是有意识地对世界进行探索性劳动。这种探索性劳动会让人收获一种高贵的快感，如鲁班创造锯子，李冰创造都江堰，贝多芬创造《英雄》，曹雪芹创造《红楼梦》。想拥有较强的创造力，需要保持对世界的好奇心与探索欲。

陶行知说："处处是创造之地，天天是创造之时，人人是创造之人。"越创造，越充实，越创造，越快乐。这世上每一个不断进行创造的人，不可能不快乐，因为他们葆有对岁月的敬畏和对生命的激情。

接受现实是心态的保证，解决问题是实力的保证，自觉自发是效率的保证，创造意识是超越的保证。而一个心态阳光、实力超群、效率至上、超越无限的人永远年轻！

追求即是青春本身。

2021-07-21

坚 持 很 酷

有弟子向我倾诉苦恼：老师，每日整理数学错题我已经坚持了两周了，但数学还是不见起色，我该怎么办？我说你觉得你的路子对么，他说路子没错。我说你整理的质量过关么，他说过关。我说你感觉你的做题思路比以前更清晰了么，他说清晰了。我说你能用这件事取悦自己么，他说能。我说那就不用苦恼了，继续整理就好了。他还是有些犹豫，于是我给他讲了我坚持写文章的事。

我在22周岁上大学时开通了网易博客，后来搬家到了新浪博客。从22岁到37岁，也就是从2004年到2019年这15年里，我的318篇文章（50多万字）从没有被博客平台推荐到首页过，我有时也会失落地想：都快40岁的人了，还自诩是语文老师里面爱动笔杆子的，沿着夜的深巷走了这么久，何时才能与黎明会合呢？但也只是失落一会儿，就又写了起来。我拿问弟子的几个问题问了自己的心。我觉得我的路子没错，教语文的，多动笔没害处；我觉得我的文笔质量过关，至少很多弟子和弟子的家长很喜欢我的文章；我觉得我的写作思路越来越清晰，越动笔越有的可写，开了好多系列；我觉得这件事能取悦我自己，因为我在创造。我觉得这就够了。这些想法让我坚持至今。

2019年11月6日我发表了《落花无言，人淡如菊》。博客平台系统给了我这样的通知："亲爱的新浪博友：您的博文《任是数语也动人之落花无言，人淡如菊》被推荐到博客首页，并且您博客页面设置中会拥有一个'推荐博文'模块，可将此放在个人首页，展示被推荐过的博文。"

这是我第一次接到这样的系统通知。后来又有很长时间，我的文章难入新浪博客编辑的法眼。看来我只是灵光一现罢了。2020年1月8日，《任是数语也动人之无可奈何花落去，似曾相识燕归来》被推荐到了首页，看到通知的时候，非常欢喜。2020年1月13日，另一篇此系列的《盈盈一水间，脉脉不得语》被推荐。这次在欢喜之余又有了一些遗憾，我当时想，看来我只有这个系列比较被认可，可是我毕竟开了十来个系列呀。2020年1月15日，我写的"细读《水浒》"系列的《称呼的秘密》被推荐，再后来，"你好啊，张朴卿""快乐的修辞""课文都是好文章""总有那么一首歌""教育生涯随想"系列都被推荐过。2020年我写了108篇文章，被推荐了17篇。2021年开始至今，我写了36篇文章，被推荐了23篇。最快的一次，我刚发表了20分钟，新浪博客的编辑便将其放在了首页上。从318篇的默默耕耘，到如今将近三分之二的推荐率，这个坚持的过程那样波澜不惊，却又意味深长。

佛系少年会说："世上无难事，只要肯放弃。"而我这个无论工作多忙无论心情多糟都挤出时间来写作的中年大叔，却用自己17年的坚持告诉弟子们：放弃很容易，貌似还很潇洒，但在长久的寂寞中坚持下去并最终证明自己可以，这件事一定很酷。

在夜的深巷中坚持守望的本身就是意义，何况我们最终得以与黎明会合。

最后分享汪国真的一首小诗《倘若才华得不到承认》：

倘若才华得不到承认 / 与其诅咒 / 不如坚忍 / 在坚忍中积蓄力量 / 默默耕耘 / 诅咒无济于事 / 只能让原来的光芒黯淡 / 在变得黯淡的光芒中 / 沦丧的更有大树的精神 / 飘来的是云 / 飘去的也是云 / 既然今天 / 没人识得星星一颗 / 那么明日 / 何妨做皓月一轮。

2021-07-22

劝你幽默

很多弟子都说我上课很幽默,每节课都能笑上几回。我喜欢这句评价。易中天先生说他最喜欢的评价是"易中天这人好玩儿",我觉得他老人家说的这个"好玩儿"应该就是有趣,或者说幽默。有趣的灵魂万里挑一嘛,易老师要的这个评价其实并不低。

从心理功能上来讲,幽默有九点好处:减轻压力、助于交流、战胜恐惧、使人舒适、让人放松、减轻疼痛、提升免疫系统、培育乐观、传播幸福。可以说幽默,就是很好的养生。

幽默不是恶搞,不是揶揄,更不是讽刺。幽默是一种智慧,一种能量,一种艺术,一种看待世界的方式。

幽默有很多方法,比较高级的有夸张、化用、正话反说等。

先说夸张。

中国历史上最幽默的公务员非东方朔莫属,且看他的求职信:臣东方朔从小就没有了父母,是兄嫂将我抚养成人,十二岁开始学习,三年时间文史都可以运用自如了。十五岁时开始学习剑法。十六岁时开始学习《诗》《书》，熟读了二十二万名句，十九岁时开始学习孙吴兵法，里面的用兵之法，也熟读了二十二万名句，臣总共熟读四十四万句。又时常佩服子路说的道理，臣今年二十二岁，身高九尺三寸，我的眼睛像珍珠一样明亮，牙齿像编贝一样整齐洁白，勇敢像不避狼虎的孟贲，奔跑的速度像骑马也追不上的庆忌，廉洁像古代非妻所织衣服不穿的廉士鲍叔，诚信像与女子约会而河水上涨女子未来也仍不离去的尾生。正因为这样，才可以成为天子的大臣。

东方朔用夸张的方式来自夸，真乃神人也！

《吐槽大会》上张绍刚吐槽张亮的脸长，他说他要有张亮那么一张脸，也能有一米八八。池子吐槽李诞眼小，他说李诞每次都只能看一行弹幕。我也曾调侃某位老师该减肥了，因为他一过来，我手机就没信号了。

再说化用。

可以化用诗词，比如"众里寻他千百度，还是翻脸不还钱"，比如"轻轻的我走了，不带走一棵白菜"，比如"路漫漫其修远兮，车里的油已不多"。

可以化用名言，比如"士为知己者装死，女为悦己者整容"，比如"路遥知马力不足，日久见人心叵测"，比如"走自己的路，让别人无路可走"。

可以化用广告词，比如"农妇、山泉、有点田"，比如"今年过节不留作业，作业只留十套题"，比如"考试恒久远，难倒英雄汉"。

可以化用电影台词，比如"我不是想证明自己有多了不起，我只是想告诉人家，别人掉在地上的钱，我一定会捡起来"。比如"曾经有一套经典的作业摆在我的面前，我没有珍惜，等到考试遇到原题时我才追悔莫及。如果上天再给我一次机会的话，我一定会对那套作业说：我做你。如果非要加一个期限，我希望至少我做到了那道原题"。

| 劝你幽默 |

我曾经在鼓励学生奋力前行时这样说:"世界那么大,我想去看看。钱包那么小,哪儿也去不了。想去吗?努力学习,然后挣钱吧。"

再说正话反说。

后唐庄宗李存勖爱好打猎。一天,来到某县围猎,大队人马乱踩民田,当地县官闻讯赶来,拦马劝谏。庄宗火冒三丈怒斥县官,县官吓得抱头逃窜。这时,一个叫敬新磨的优伶,急忙率领同伴穷追,把那县官抓了回来,捋袖摩拳地痛骂道:"你身为县官,难道不知道我们的天子喜欢打猎吗?你为何要唆使老百姓种田而向皇上交租税呢?你难道不会让老百姓都饿死,而使这里的田地都空出来,供给我们的皇上驰骋打猎用吗?你真是罪该万死!"敬新磨说完,请求庄宗立即把那县官处死。庄宗听了以后,不由大笑,放了县官,并下令人马不准再践踏农田。

我经常跟那些上课回答问题声音特别小的弟子说:"你可以声音再小一点儿,这样我们就都能听到了。"

有一次有位家长质疑孩子的科任老师比较年轻。我回复说:"也是,国外的惠普公司员工平均年龄为 39 岁,IBM 员工平均年龄为 38 岁,戴尔员工平均年龄为 37 岁,微软员工平均年龄为 33 岁,苹果员工平均年龄为 31 岁,谷歌员工平均年龄为 30 岁,Facebook 团队平均年龄为 28 岁。而中国的墨子号量子卫星团队平均年龄不到 35 岁,嫦娥五号团队关键岗位的平均年龄为 33 岁,我还真挺担心这帮人行不行呢。"然后给她发了个笑脸的表情。那位家长发了个"哈哈",然后发了个握手的表情。

顺境的时候要幽默,我会跟老天说:"老天爷,你最近挺靠谱呀!继续昂。"

逆境的时候要幽默,我会跟自己说:"英才,想明白了吧?天在妒你。"

表扬的时候要幽默,我会跟这孩子说:"都说一个老师最大的成功是培养出了自己崇拜的学生,但是我不崇拜你,我反而更崇拜自己了,因为我把你培养出来了呀。"

批评的时候要幽默,我会跟那孩子说:"你犯的错很老套,理由也很老套,下次一定要有点儿创意,不然定斩不饶。"

拉布说:"幽默是生活波涛中的救生圈。"弟子们考试和升学的压力如此之大,能让他们展颜一笑,是能力,也是功德。而能使他们也有意识地幽上一默,笑对人生,则称得上渡人的良师了。

做自己的题,让别人玩儿手机去吧。

你问我爱你有多深,试卷代表我的心。

问君能有几多愁,恰似得分只有六十出头。

人生苦短,何必愁眉苦脸。

劝你幽默。

2021-07-22

胸有激雷，面如平湖

古语有云：顺，不妄喜；逆，不惶馁；安，不奢逸；危，不惊惧。胸有惊雷而面如平湖者，可拜上将军。意思是说赢了不要太高兴，输了也不要太气馁，安然但是不骄奢淫逸，危险但是不惊讶畏惧。心有大志，但在表面却很平静的人，是大将之才。这些都是在说人的心理素质很重要。

顺，不妄喜。曾国藩剿灭太平天国，依然谨慎戒惧，这才避免了慈禧的猜疑，最终寿终正寝。

逆，不惶馁。威灵顿一败再败，看到蜘蛛一次次在风雨中重新结网，大受触动，这才抖擞精神，沉着应战，在滑铁卢击败不可一世的拿破仑。

安，不奢逸。卫青半生征战，但经常拒绝封赏，实在推不掉才勉强接受，临死前把所有接受的金银全部归还了汉武帝，使得皇帝大为感动。

危，不惊惧。达奚长儒率部两千多人遭遇突厥十几万人马，他慷慨激昂,神色壮烈,兵器打光用拳头,手上的骨头都露了出来。受重伤五处,其中两处是贯通伤。隋军以寡敌众,杀敌万计,突厥人心理崩溃,焚烧尸体,大哭离去。

胸有激雷而面如平湖。刘备与曹操青梅煮酒,处处示弱。谢安与强敌勉力周旋,照常下棋。

综上,强悍的心理素质,稳定的内心环境,是一个人成就学业、事业乃至伟业的重要前提。

反过来说,顺时妄喜。曾看过一个体育竞赛大意失金牌的集锦,在一场自行车场地赛中,当身后的选手全速冲刺时,领先者却撒开车把,高举双手作出胜利的手势,然后被超过,然后黯然离场。在一场排球比赛中,当对手将一个不可能完成的扑救完成时,扣杀的一方却已经相互击掌,提前庆祝,然后被反杀,然后后悔不迭……

逆时惶馁。任人百般阻止,仍一意孤行要征讨东晋的苻坚,出征前说自己的军队可以投鞭断流的这位前秦国王,刚遭遇了一点儿挫败,便将八公山的草木看作东晋的士兵,将风声鹤唳当作追杀之声,然后一溃千里,然后万劫不复。

安时奢逸。后唐庄宗李存勖也曾英姿抖擞,身先士卒,也曾心怀使命,屡战屡捷。但在接连战胜强敌、实现了为父报仇的誓愿后,便开始耽于享乐,宠信伶人。他昏昧无知,冤杀大将,自毁长城,最终身死国灭,为天下笑。

危时惊惧。燕国秦舞阳十二岁时便杀过人,人们不敢与之对视,但与沉默寡言、谦逊隐忍的荆轲去刺秦时,却在秦宫之中脸色大变,身体发抖,被秦王怀疑,还得让荆轲替他解释遮掩。谁是英雄,谁是狗熊,不言自明。

胸有激雷,但想法外露。东汉光武帝刘秀当初其实是追随自己的哥哥刘演起兵的。刘演胸怀大志,屡立战功,尤其是取得了宛城大捷。但他为人强势，不够低调平和，被妒贤嫉能的更始帝刘玄借故处死。如果刘演没有被杀，东汉的开国皇帝可能就不是刘秀了。

作为中学生的你，顺境时可曾沾沾自喜，让自己的优秀影响自己走向卓越？逆境时可曾一蹶不振，让自己的落后使得自己走向溃败？安然时是否挥霍时光，让自己的眼界越来越窄？危险时是否畏缩不前，让自己的胆子越来越小？心有大志却不能强悍如铁，腹藏乾坤却不能不动如山。

一个人想要走很长而且很有意义的一条路，就要做好基本的心理建设。你要经常问自己：我的心理素质配得上路的那一头我的向往么？我可以很想赢，但是不怕输么？我可以享受得了成功，也承担得起失败么？我可以经常自己给自己鼓劲儿么？我可以但行前路，无问西东么？我可以不抱怨么？我可以不自卑么？我可以不烦躁么？我可以不悲观么？我可以迎接任何挑战么？我可以跟任何人对话么？我守得住心么？我扛得了事儿么？

这些年我听很多弟子说过自己心理素质差。我告诉他们，增强心理素质并不难。心理，心理，把这颗心理顺就好。

人生所面对的，不外乎顺境、逆境、平常境。顺境时知道客观评价自己，发展自己并善待他人。这样既不会妄自尊大，也拥有了幸福的可能。逆境时也知道客观评价自己，心疼自己并学习他人。这样既不会妄自菲薄，也拥有了崛起的可能。平常境时还是知道客观评价自己，充实自己并观察他人，这样既不会浑浑噩噩，也拥有了超越的可能。所以说客观评价自己，是非常非常重要的。而对自己的认知错位则会影响心理素质，当然也就影响了前途命运。苏格拉底的"认识你自己"是值得每一个人用一生去铭记的箴言、用一生去思索的命题。

下面介绍一些具体而简单的在逆境中的调整方法。

表情调节法。越是烦恼，越要多微笑。越是压力大，越要多微笑。

雨果说过："微笑就是阳光，它能消除人们脸上的冬色。"其实微笑不仅能消除自己脸上的冬色，而且能消除看到你微笑的人脸上的冬色。一个人能笑得出，吃得下，睡得着，就已经很幸福了。

环境调节法。要么将自己的学习生活环境收拾布置得整洁温馨，要么便是到自己最喜欢去的地方看一看、坐一坐。让美好的环境带给自己美好从容的心境。一定不要在心事沉沉时在一个不变的氛围中待着，要跳出来，走出去，从新环境中实现生命的突围。

运动调节法。歌德说："只有运动，才可以除去各种各样的疑虑。"痛苦都是想出来的，运动，则会令人兴奋。可以酣畅淋漓地打一场球，篮球、羽毛球、乒乓球均可，可以痛痛快快地游个泳，可以跑步，或者其他有氧运动。总之要让自己出汗。汗一出来，压力也就释放出来了。

人际调节法。可以找自己最信赖的老师、同学或朋友，当然也可以是亲人，倾诉自己的负面情绪。其实很多时候，我们并不需要对方给我们多少指导性意见，只要能把自己心里的事往外倒一倒，就已经很减压、很疗愈了。

心理暗示法。爱默生说："一个人的心情就是他整天所想的那些事。"你想什么，脸上就呈现什么，所以心理暗示就至关重要了。念大学的时候，教授我们古代汉语的吕老师曾经跟我们分享过一个上台演讲的心理暗示方法。她说每次上台前都要对自己说"我是最棒的，他们都这么认为"。这句话同学们可以拿去用，当然你也可以对自己说"我一直在努力攒人品，相信结果一定顺遂我心"。

心理素质差的人往往容易紧张、烦躁、怯懦，喜欢抱怨，容易悲观。所以我们要客观评价自己，然后心疼自己，发展自己，充实自己，积极调整自己，把自己经营好了，这些负面心理自然也就没了。记住，你自己是自己的罪与罚，你自己亦是自己的光与电。

苏洵说："泰山崩于前而色不变，麋鹿兴于左而目不瞬，然后可以制利害，可以待敌。"

胸有激雷，面如平湖。把心守住，把事儿扛住，就是大将风度。与君共勉。

2021-08-07 初稿

2021-09-02 定稿

一切皆有可能

学校老师们尤其班主任老师们有两句话常挂在嘴边，那就是"一切不成定局"和"一切皆有可能"。它们传达的核心意思是只要事情还没有尘埃落定，你只管努力，也许惊喜就在后面等着你，一定不要给自己的人生设限。这两句话适用于学生，适用于老师，也适用于我们每一个心有念想的人。

人活着，总要有一些念想。若想一切皆有可能，我认为要做到以下三点。

第一，敢想。

求其上者得其中，求其中者得其下，求其下者不入流。人如果连想都不敢想，又如何拿出与之匹配的姿态呢？人不应困于锁链，而应展开双翼。

我带的2016届毕业班是583班，班长杜晨壮是班里学号在中游的学生，但他的目标大学却是国内顶级学府清华大学。2016年高考，他的成绩是670多分，不够清华的录取分数线。他很郑重地对我说："老师，我能走清华小语种就走小语种，能走清华国防生就走国防生，我认准的就是清华。"但因为分数不够，他最终被北京航空航天大学录取。我虽然嘴上跟他说有些遗憾，在心里却觉得以他的分数，上北航也不算屈才。可没想到的是2019年9月20日，我收到了他被清华大学交叉信息研究院直博生录取的微信。他说该学院的院长姚期智先生是华人唯一一位图灵奖（计算机界的诺贝尔奖）获得者。他会在该院攻读机器智能方向的博士学位。

我永远记得我收到那条微信时的心情。欣慰，惊喜，更多的则是敬佩。有人说一个最成功的老师是能培养出值得让自己去崇拜的学生。我倒没有崇拜晨壮，但我真心地敬佩他，并以身为他的老师为荣。

敢想，意味着对现状的不满，意味着想寻求超越与突破，意味着生命拥有了内驱力，意味着一个人的脚步开始变得有力，意味着一个人的灵魂开始变得骄傲。

第二，实干。

不能落地的点子、理论、思想、制度、计划，都没有任何意义。所谓改变，其实就是离开舒适区。有了念想，然后就是付诸行动了。想把念想变成现实，就得挑战自我、超越自我。至少不能骄傲，也不能懒惰。曾国藩说："人生之败，非傲即惰。"

有念想，然后为之努力，做乘风破浪的姐姐也好，做披荆斩棘的哥哥也罢，反正要有为，反正要不怕困难，反正要秀出自我，反正要一往无前。

我从教已有15个年头了。在这所高中里，我最大的感受就是无论校领导还是普通老师，无论实验班的学生还是普通班的学生，大家都是实实在在地在拼搏，而一个个拼搏的身影，便构成了学校的一道风景线、一个能量场，一个叫作"追求卓越"的能量场。所处的是激情燃烧的校园，身边的是踏实肯干的师生，在这样的氛围中，创造出一流的成绩，也就不足为奇了。

校领导几乎每天早上都会出现在操场，每天晚上都会出现在宿舍楼。在老师们出现的地方有校领导，而在学生出现的地方自然也就有年级主任和班主任了。示范引领，果然是最好的管理。他们不是扇着扇子冲你喊加油干的人，他们就是与你并肩作战的战友、与你挥汗如雨的伙伴。

记得一次学校开全体教职工大会，因外请嘉宾讲得较多，导致散会略晚。晚新闻辅导时间已到，很多老师都没有去吃晚饭，而是直奔教学楼去辅导学生。一位数学老师边往教学楼走边说："还是先去辅导吧，要不心里不踏实。"不跟早操觉得不踏实，不当天批完作业觉得不踏实，不跟那个偏科严重或心理负担重的孩子聊一聊觉得不踏实，不在下大雨或下雪的时候看着每个学生顺利进入教学楼觉得不踏实。只有做了才踏实，只有在场才踏实。

校领导、老师们如此，学生亦然。

2019年五四期间，我当时任校区教育处主任，在组织学校各年级的学生代表去井冈山进行红色研学的路上，没有人号召，没有人督促，30多个孩子，在火车上要么安安静静读书，要么奋笔疾书做题，要么拿着问题找随行的老师咨询。这令身边的旅客们颇为好奇，看到孩子们背后印有"追求卓越"四字校训的校服，旅客们问你们是不是衡中的学生，孩子们都很有礼貌地说是的。旅客们都说果然是名校学子，真是名不虚传。

做人朴实，学习踏实，知识扎实，是衡中学子的标签。核心就是一个"实"字。

梦里走了万里路，醒来还是在床上。与其临渊羡鱼，不如退而结网。

去做就好了，越做越容易。去干就好了，越干越简单。

实干，意味着遵守契约精神，意味着一个人的灵魂开始变得严肃。

一切皆有可能

第三个，能等。

静待花开，是一种智慧，也是一种能力。如何在别人浮躁的时候不浮躁？如何在别人懈怠的时候不懈怠？如何在任何人都不看好你的时候看好自己？坚持初心，真的需要勇气，足够的勇气。

老师们善于耕耘，也善于等待。他们坚信教育是农业，而非工业。从教以后，我很快就被老师们尤其是老教师们身上那种自信满满、期待满满，不管风吹浪打、胜似闲庭信步的风范征服了。记得带2015届毕业班的时候，一位老教师为自己班设计的班服上的字眼不是什么顽强拼搏之类带有火药味儿的字眼，而是"平心静气"四个字。是啊，只有平心静气，才能避免目的颤抖；只有平心静气，才能但行前路、静待花开。看到他以及像他一样的同事们，我总会想起马丁·路德·金的那句名言——哪怕明天地球就要毁灭，我也要在今天虔诚地种下一棵苹果树。

尽人事，安天命。该干什么就干什么，把汗水流在今天，至于明天，让命运去安排。

曾经，我也因为自己写的文章迟迟得不到承认而消沉懈怠，23岁开博，默默耕耘十几载，写了50多万字，但一直得不到博客平台的推荐。于是心浮气躁，懒得写，不想写。但看到身边老师们的为人风格，我的心慢慢静了下来，静水流深，静能生慧。我不再想结果如何，只是一篇篇地把文章写出来，不为取悦任何人，只为安顿自己。37岁时，我写的《落花无言，人淡如菊》被新浪博客平台放到了推荐板块，到今天，已经有41篇文章被推荐。

不光是写文章，教学也是这样。我有好几个学年都是前期成绩不理想，最后才翻盘。能等，让我拥有了把事情干成的基本定力。可以反思自己，但从不轻易怀疑自己；可以暂时落后，但从不轻易承认失败。

当然能等不是空等，是按部就班谋划，是有条不紊工作，是精益求精追求，是反躬自问自省。

有人说能耐就是能够忍耐，虽然不完全对，但自有它的道理在。

校园中有的是一鸣惊人的黑马，有的是绝地逆袭的英雄。沉得住气，是特别重要的因素。

能等，意味着从身到心的强悍与沉静，意味着一个人的灵魂开始变得深沉。

敢想是前提，实干是关键，能等是保证。做到以上三点，一切皆有可能！

《生命不能承受之轻》的作者米兰·昆德拉说："生命，是一株长满可能的树。"生命的价值，就在于拥有无限的可能。让我们敢想，哪怕梦想再远；让我们实干，哪怕风浪再急；让我们能等，哪怕胜算再低。

对每一个生命个体而言，不辜负生命，是对生命本身最大的敬意。

2021-09-03

俭以养德

我发现每次大型考试后都会有学生丢东西，常见的是水杯、纸抽，还有丢眼镜盒甚至丢手表的，更让人想不透的是丢了手表也不找。感觉有的手表挺值钱的，就算不够值钱也好歹是个时间工具吧。乍一看是丢三落四，性子粗，其实是节俭意识不够的问题。

小到个人，大到国家。不说别的，仅吃这一项，中国人一年在餐桌上浪费的粮食高达2000亿元，被倒掉的食物相当于2亿多人一年的口粮。2亿人是个什么概念呢？它是1个巴西、1个巴基斯坦或者1个尼日利亚的人口，它是2个菲律宾、2个埃及或两个埃塞俄比亚的人口，它是3个法国、3个泰国或者3个英国的人口，这些粮食可以养活4个韩国、5个伊拉克、6个沙特、10个智利、20个葡萄牙、40个哥斯达黎加、100个拉脱维亚、2万个图瓦卢的人口……

按2020年的数据，全球有6.9亿人处于饥饿状态，比2019年增加了1000万，饥饿人口占人口总数的8.9%。很多人，与我们一样的活生生的人，是活活饿死的。

如果我们能拿这些粮食去拯救这些人该有多好。这个世界，与我如此密切相关。节俭，是小事儿么？

学生们都是从初中过来的，初中那篇诸葛亮的《诫子书》，学生们背得都很流畅。其中的名句"静以修身，俭以养德"，大家也都熟知。但背归背，有没有入心入脑就另当别论了。

也难怪，毕竟节俭这件事是与经济直接相关的，与养不养德到底有什么关系呢？

我是这样理解的。

节俭可以让我们懂得心疼，因为节俭就是节省开支，节省开支就相当于心疼父母，相当于建设家庭、回馈社会。你目前还是纯粹的消费者，还不能为父母分担什么。那么你只要能做到该买的买，不该买的坚决不买；该用时用，不该用时坚决不用，比如灯别一直开着，比如笔芯还没用完时别换，比如笔记本别不懂规划浪费空间，比如别一考试就丢东西，就是在为家庭作贡献了。懂得心疼，就是一种品德。

节俭可以让我们懂得敬畏。我们吃的每一粒米都是种子，喝的每一口水都有上亿年的历史；我们喝的每一口牛奶其实都是在夺小牛们的口粮；我们随意扔掉的每一张纸都要经过数道工序，用了一半就不知丢到何处的每一根笔芯也凝结着很多工人的汗水。我们浪费的粮食可以养活很多很多的人，而人命贵于天。懂得敬畏，就是一种品德。

节俭可以让我们懂得自律。节俭需要克制欲望，而欲望，又是最难控制的。宋代政治家、史学家、砸缸的司马光给他的儿子司马康写的《训俭示康》一文中有这样两句话："由俭入奢易，由奢入俭难。"说的是一般情况下人的欲望只会越来越强，不会越来越弱。所以克制欲望尤其是克制不应有的欲望就成了一种比较稀有的能力。克制不应有的欲望就是自律，懂得自律，就是一种品德。

俭以养德。节俭是修身之途，是持家之宝，是兴业之基，是治国之道。

其实节俭岂止可以养德，还可以增智呢。什么智慧呢？理财的智慧。

田亮在女儿森蝶度过十二周岁生日之后，晒出了一些照片。照片中有好几个证书，都是捐赠证书。森蝶将平时省下来的钱、压岁钱和做家务挣的钱捐了图书馆一角，而且还为基金会捐款。当很多比森蝶大的孩子拿压岁钱充游戏币或者出去狂欢狂购的时候，十二岁的森蝶竟已有了这般格局与情怀！

小洛克菲勒也是如此，他的父亲老洛克菲勒是世界石油大王，富可敌国。他继承了父亲的巨额财产，但一直认为自己并不拥有这笔财产，只是代为管理而已，他生活非常简朴，做公益事业却非常大方，一生为公共事业捐助的金额达到5000多万美元。他的思维方式深受老洛克菲勒的影响。

那么我们身边绝大部分生活在普通家庭的孩子，又有什么理由奢侈浪费呢？

不乱花钱，懂得理财，就是在为自己的人生增值啊。

一位记者随同一所受捐助学校的教师迎接一位捐助者，在机场为了解渴，大家买来矿泉水。刚喝没几口，飞机到了，大家不约而同地把手中的矿泉水扔掉。这时他们看到大富翁从飞机上走下来，手中拿着的似乎是一只空瓶子——瓶底只有一口水。大富翁下飞机后和大家谈笑风生，随着他手的晃动，矿泉水发出轻微的声音，直到他坐上前来接他的车子，还没有扔掉瓶子。有人递给他一瓶未开封的水，他摆摆手拒绝，直到喝完那瓶中最后一口水，才放下瓶子。这位大富翁就是香港知名实业家、慈善家田家炳。他为慈善事业捐款10亿元人民币。很多学校都有田家炳教学楼。一个如此富有的人，却哪怕是一口水，也不轻易浪费。而我们经常看到的场景却是很多人在喝矿泉水，喝几口放桌子上，等一会儿记不清是谁拿的哪一瓶了，就都扔掉。其实真的可以在瓶子上写上自己的名字的。

　　当然，我们没必要学清代道光一朝的臣子们竞相用在衣服上打补丁的方式向节俭的皇帝陛下致敬，何况那些"补丁"还很贵。但我们有意识地去懂得心疼，懂得敬畏，懂得自律，学会理财，总是对的。

　　不用取得多么大的成就，当我们将"俭以养德"四个字入心入脑之后，我们就已经是人生赢家了。毕竟，这个世界上还有那么多正在浪费的人。

2021-09-03

世上最可怕的人

这世上什么样的人最可怕？不是伏地魔，也不是白骨精。他们都能被搞定，何况他们还是虚构的。有人说债主最可怕，好吧……

这世上最可怕的人是远远比我们优秀还远远比我们努力的人。这种硬实力非凡又危机感十足的人才最可怕，因为他们最让人绝望。

比如演员黄磊和孙莉的女儿黄忆慈，也就是黄多多。

黄多多2006年2月6日出生于北京，2011年，与父亲黄磊、母亲孙莉一起做客《鲁豫有约》；2014年6月20日，与父亲黄磊一同参加湖南卫视明星亲子真人秀节目《爸爸去哪儿第二季》；6月28日，参加湖南卫视王牌节目《快乐大本营》爸爸去哪儿专场；8月8日，与父亲黄磊录制湖南卫视另一王牌节目《天天向上》；9月19日，再次参加《天天向上》；2015年10月16日，为法国动画电影《小王子》中的"小女孩"一角配音；2017年7月5日，会自己设计礼服的黄忆慈亮相巴黎Bonpoint大秀。

黄多多会烘焙面包，弹一手好钢琴，英文很棒，照顾妹妹很暖。她可以很有耐心地拼接繁杂的乐高积木，也可以动感十足地进行健身活动。她的妈妈孙莉晒出了多多的健身视频，视频里的多多身着运动套装和运动鞋，对于各种健身方式都游刃有余，全身健美紧实的肌肉让多多看起来健康阳光，也让一众网友自愧不如。

但即便已经如此优秀，黄多多依然在不断充实自己、磨砺自己，向着更优秀的行列迈进。

说完黄多多，我们再来聊聊何猷君。

澳门赌王之子——超级富二代何猷君是含着金钥匙出生的。他坐吃都不会山空，因为他们家的金山足够他吃上好几辈子。但就是这样一个靠钱就可以任性的人在2013年拿到了美国麻省理工学院及英国牛津大学的入学券。麻省理工学院和牛津大学是什么概念呢？简单来说：2019U.S. News世界大学排名中，麻省理工学院名列第二，仅次于哈佛大学，牛津大学是第五名，而我国的超级学府清华和北大分别排在第五十位和第六十八位。清华、北大，你懂的。

何猷君最终选择在美国麻省理工学院就读。按理说他的人生已经非常成功了，但他依然在自己的巅峰之路上努力奔跑。他在狂欢的圣诞节熬夜做题，他在凌晨5点的MIT图书馆通宵读书，他用3年时间提前完成学业，成为MIT史上最年轻的硕士！他是数学精英，多次被邀请参加"世界数学竞赛"，连续两年在"世界数学测试"邀请赛中获奖。2018年1月5日，何猷君参加江苏卫视的《最强大脑第五季》的录制。在"数字华容道"中，何猷君用时21秒率先完成挑战；在层叠消融项目，何猷君再次率先完成挑战，拿到了《最强大脑第五季》第一个直通30强的直通资格。2018年11月7日，何猷君出席第五届世界互联网大会并发表演讲。2018年12月6日，其所在公司创梦天地成功敲钟上市，何猷君成为港交所最年轻的敲钟者……

多才多艺黄多多，最强大脑何猷君，才是这世上最可怕的人！最可怕的人不是单纯让人恐惧,而是让人既敬且畏。

那天看到一个段子,挺有意思的。与大家分享:如果再给我一次重生的机会,我选择生在唐朝,既不用学外语,也不用减肥。

虽然挺搞笑,但这种丧味十足的自嘲一点儿都不好玩儿。只想着规避危机,不想着发奋图强,这样的人,无论出生在哪个朝代都会被淘汰。改变环境不叫本事,优化自己才叫本事。

《论语》有云:"人无远虑,必有近忧。"《左传》有云:"居安思危,危则有备。"都是在强调危机感的重要性。危机感是鞭子,所谓"不用扬鞭自奋蹄",不是没人扬鞭,只不过那扬鞭的人是自己而已。自己懂得鞭策自己、督促自己,才能勇敢而幸福地超越自己、成就自己。反之呢?比如有的学生根本不想学习,却又知道自己没别的事儿可做,不得不坐在书桌旁装样子,被人撵着学,甚至求着学。家长一说就翻脸,老师一说就吐槽。这样的人既摆不平问题,也理不顺自己,除了一肚子官司外一无所有,既失败,又丑陋。

偶尔躺平可以,躺得四肢退化成为植物人可就麻烦了。

按理说不懂,就该多读书;体格不好,就该多锻炼。但现实却是不懂的人并不想多读书,体格不好的人也懒得去锻炼。反过来看,懂得越多的人越爱读书,体格越棒的人越爱锻炼,其实也正是因为爱读书,所以才懂得多;也正是因为爱锻炼,所以才体格棒呀。

我们根本不用做任何数据统计,肉眼可见的是,那些成绩相对优异的孩子往往听课更认真,笔记更有条理,自习课更有规划,错题本思维含量更高,更爱问问题,更喜欢总结反思,更愿意把老师的各种方法指导或情绪指导落地,总之,他们觉得自己做得还不够好,还可以更好。而成绩相对落后的孩子则觉得自己已经做得够好了,至少可以说差不多。而在这种差不多思维的影响下,也就跟相对优秀的孩子差得越来越多了。

你看，老天就是如此不公，又如此公平。危机感，是自己给自己的。

有人说："当你想要放弃了，一定要想想那些睡得比你晚、起得比你早、跑得比你卖力、天赋还比你高的牛人，他们早已在晨光中，跑向那个你永远只能眺望的远方。"我常拿这段话来提醒和督促自己，今天我把这段话送给我的弟子以及读者朋友们。

那天我看到一个大胖子戴着口罩喘着粗气在日头底下行走，身上的肥肉四处抖动，一会儿他走累了，坐在马路边休息，他的肥肉瞬间溢出马路沿，淌在了马路上。一会儿，他呼哧呼哧站起来了，继续艰难挪动。我油生同情，但转念一想，他应该享受自己这肉香四溢的样子，要不然，怎会对这些肥肉如此不离不弃呢？他不可怕，他特别好玩儿。只是不知道下一次他想站起来却因地心引力太大或肥肉粘到地上无法站起来的时候，会不会抱怨自己当初那超好的胃口和超稳的心态呢？

祝他安好。

2021-09-04

一直做下去

前天期考作文讲评之前,我给弟子们看了看我这些年的摘抄本,一共七大本,班里的座位正好是七列。为何这么做?因为好几个弟子都在问我如何提升作文的文采。我跟他们说:"如果没有稳定的摄入,是不可能有稳定的输出的。"想把作文写好,先别问我需要什么技巧,你先好好读书,好好摘抄里面的好句子,好好体会这些好句子。杨绛先生曾经给一个年轻读者回信说:"你最大的问题,就是读书太少而想得太多。"每次看到他们读书时手下垂,我都会厉声制止。对我而言,读书时不拿笔是不可想象的,读完书不把里面的好句子摘下来是不可想象的,摘下来不经常拿来温习是不可想象的。这跟暴殄天物没什么区别。有弟子谈感受说,可以看得出,老师这些年应该一直在读书并做摘抄,从未停止过。听到他这句评价,我想起了去年出版拙作《踏月空山》的事。

2020 年 4 月 30 日,燕山大学出版社的编辑联系我说《踏月空山》已经出版;5 月 1 日,书在淘宝上架;5 月 3 日,学校的微信公众号发了介绍这本书的文章；5月9日，上官文露读书会发了热心读者写的评论文章。这本书一共44万字，我写了7年。

有同事问我这么厚的一本书，是怎么写出来的。我的回复是：喜欢写，然后一直写，就这样写出来了。

圣空法师曾说过一句非常实在的话："不断重复地做一件事，你就是专家。"我很认同，但如果重复了好久还不是专家呢？很简单，继续重复就好了。

新东方总裁俞敏洪刚上大学（北大）时，不会讲普通话，全班同学第一次开班会的时候有一个互相介绍的环节，等他站起来自我介绍后，班长站起来半开玩笑半严肃地跟他说："俞敏洪，你能不能别讲日语？"引起全班哄笑。被嘲笑的他没有放弃，而是加倍努力学普通话、学专业课，经过大学四年的努力，他终于光荣毕业了！他的成绩是全班倒数第五……

垫底的他在毕业典礼上这样说："大家都获得了优异的成绩，我是我们班的落后同学。但是我想让同学们放心，我决不放弃。你们五年干成的事情我干十年，你们十年干成的我干二十年，你们二十年干成的我干四十年。如果实在不行，我会保持心情愉快、身体健康，到八十岁以后把你们送走了我再走。"

顺便再补充两个信息：第一，俞敏洪考北大考了三年；第二，据说在美国、加拿大的任何一所著名高校里，来自中国的留学生，70%是从新东方走出来的，所以每次当他到北美的中餐馆就餐，刚一落座，就会有几十个人站起来，同时称呼他"俞校长"。

戴着眼镜爱眯着眼笑的俞敏洪是纯爷们儿，一身肌肉块儿不苟言笑的史泰龙更是纯爷们儿。

美国动作巨星史泰龙曾经穷困潦倒，他想做演员，做一名成功的演员。可是身上全部的钱加起来也不够买一件像样的西服，他经常没东西吃，所以他养的小狗也经常陪着他挨饿。史泰龙下定决心，他跟自己说："假如我没有找到一份有关演艺的工作，我拒绝去打任何一份临时的工作来养活我自己。我拒绝！"

1976年，30岁的史泰龙写了一个为自己量身打造的剧本，好莱坞当时共有500家电影公司，他带着剧本前去拜访。但第一遍拜访下来，没有一家公司愿意聘用他。大家想象一下，被人拒绝500次是什么滋味？不过面对拒绝，史泰龙不灰心，不久，他又从第一家开始了他的第二轮拜访与自我推荐。这一次又以失败告终。如果换作别人，被人拒绝1000次，是不是已经崩溃了？但史泰龙重整旗鼓，又开始了第三轮自荐，这次，依然失败！1500次了！

他咬紧牙关开始了他的第四轮自荐。当拜访第350家电影公司时，老板竟破天荒地答应让他留下剧本先看一看。不久这家公司决定投资开拍这部电影，并请史泰龙担任男主角。这时他已经被拒绝了1800多次了。这部仅用了两个月时间拍摄的低成本影片《洛奇》一经上映却引起了空前的轰动，创造了奇迹般的票房。史泰龙所饰演的那个出身社会底层，为自己的尊严同命运搏斗的拳击手形象得到了人们的同情和认同。史泰龙因此一炮走红，至今70多岁的他还在演硬汉。

因为无论在生活中还是在电影里，他都是当之无愧的硬汉！

一直做一件事，需要信心，更需要坚持。有信心，才会热情不减地去坚持；不断坚持，才会让信心越来越足。那么信心来自哪里呢？我认为来自对自己铁定要做的这件事的认知和对自我的认知。也就是知道这件事非常有意义，并估测依靠自己的才智早晚可以做到。所以我经常跟一届又一届学生说："自信不是相信自己行，而是相信自己早晚会行。"

真正负责任的自信，一定经得起时间的考验和坎坷的打磨。

《踏月空山》这本书中的不少篇目我写了很长时间，比如《人间不见楚留香》一篇，一共9000多字，足足用去了我十天的工作之余的时间。我梳理出写作提纲，然后在电脑上把《楚留香》系列每部当中用于写作的段落标黄，把标黄的信息进行分类，进一步整合删减，将整合删减后的内容加入我的文章当中，再对这些内容进行赏析或利用，最后润色成篇。我写东西并不快，但我能做到只要写，就要写完；只要写，就要努力写好。

顺便补充一个信息：《楚留香》系列1169336个字。

我想让我的每一个弟子明白三个道理：第一个，这世上任何一件值得去做的事，都值得做好。第二个，这世上任何一件值得做好的事，都不好做。第三个，这世上任何一件值得做好并且不好做的事，只要一直做下去，就很可能做到。

《道德经》有云："慎终如始，则无败事。"一直做下去就好了，把该做的都做好，剩下的事交给老天去安排——老天自有安排。

等到将来某一天，你做成了一件让自己感到特别骄傲让别人也觉得很不错的事，当人们问你是怎么做到的时候，你也可以很平静但很确信地回复说："其实也没什么特别的经验与大家分享，我只是喜欢做，并一直做下去罢了。"

2021-09-06

不断拆除自己的天花板

曾经有科学家断言,人类百米跑不可能突破10秒大关,很多年也确实如此。

在1896年第一届现代奥运会上,"蹲踞式"还未普及,100米决赛中,5名运动员竟采用5种不同的起跑方式,美国的托马斯·伯克采用"蹲踞式起跑"方法获得了奥运史上第一个百米冠军,并在预赛中以11秒08创造了第一个男子100米的奥运会纪录。16年后,1912年斯德哥尔摩奥运会上,美国的多纳德·里平科特6月7日在100米预赛中跑出了10秒06的成绩,这一成绩被国际田联批准为100米的第一个正式世界纪录!9年后,1921年4月23日,美国的查尔斯·帕多克创造了10秒04的新世界纪录。又是9年后,1930年8月9日,加拿大的珀斯·威廉姆斯创造了10秒03的新世界纪录。6年后,美国运动员杰西·欧文斯于1936年6月20日跑出了10秒02的世界纪录。26年后,1956年8月3日,美国的威列·威廉姆斯跑出了10秒01的新世界纪录。4年后,1960年6月21日,在苏黎世的一次比赛中,联邦德国(西德)的阿明·哈里第一次将 100 米成绩提高到 10 秒整。这一次百米世界纪录一直保持了 8 年，后来虽然先后有 10 人跑出了同样的成绩，但均未能突破 10 秒大关。其中，中国四川籍选手陈家全也曾在 1965 年 10 月 24 日四川省第 2 届全运会汇报表演赛上平了这一纪录。

8 年的等待，让越来越多的所谓专家断言：人类不可能突破 10 秒。

1968 年 6 月，美国的吉姆·海因斯在萨克拉门托举行的美国锦标赛半决赛中，创造出 9 秒 09 的新世界纪录。人类历史终于迈进了 10 秒时代。这一年，查·格林和朗·史密斯也同样跑出了 9 秒 09。9 秒 09，是手计时间的最后一个百米世界纪录，径赛采用电子计时后，这一成绩成了田径史上的永久纪录。人类百米世界纪录也从 10 秒整重新开始记录。4 个月后的 1968 年 10 月 14 日，墨西哥奥运会，同样是吉姆·海因斯，他创造了 9 秒 95 新的百米世界纪录。这是一个里程碑般的纪录，同时也是电子计时后的第一个百米世界纪录。

现在的百米纪录，是由牙买加著名短跑健将博尔特于 2009 年 8 月 17 日在德国柏林创造的 9 秒 58。

我认为纪录不断被打破带来的不是简简单单速度的提升，而是让后来者具备并不断强化一种信念——人类可以跑得更快！我当然也可以跑得更快！

学习亦然。

当我们一直在一个比较低的层次徘徊，试图改变却收效甚微时，头上低低的天花板让我们窒息，可能就会形成"习得性无助心理"，即当个体感觉到无论做什么事，都不会对自己的重要生活事件产生影响时所体验到的一种抑郁状态。一旦形成这种心理，人就会觉得干什么都没劲，而当干着没劲又不得不干时，就会加重这种抑郁状态，最终斗志瓦解，意志消沉，陷入绝望。

反之，当我们一直在一个比较低的层次徘徊，试图改变却收效甚微，头上低低的天花板让我们窒息，但我们依然努力去改变，并终于突破自己时，就会形成"期望效应"，又称"皮格马利翁效应"。期望是对自己或他人的一种判断，希望自己或他人达到某种目标或满足某种行为预期。由期望而产生的行为结果就是期望效应。一旦形成期望效应，我们就会越来越积极向上，就像以上突破百米极限的运动员们。

若说丧失期望，没有比监狱里的长期劳改犯更甚了，但安迪却可以凭借他的智慧与毅力成功逃离肖申克监狱。当他在雨中张开双臂拥抱自由与新生的洗礼时，相信每一位观众都会为之动容。《肖申克的救赎》之所以能成为影史上豆瓣评分最高的影片，是因为它向我们传递了"强者自救"的磅礴力量。斗志永不瓦解，意志永不消沉，在绝境中守候希望！

不断拆除自己的天花板源于我们对自身的期望值。也许尽力了依然不能达成目标，但正如王安石在《游褒禅山记》中说的那样："尽吾志也而不能至者，可以无悔矣，其孰能讥之乎？"也就是说只要尽力了，就可以无怨无悔，又有谁会嘲笑你呢？

能够尽力去做一件事，本身就是一种成功，因为这世上很多很多人非常爱惜自己的力气，根本不尽力。

卓越之人自我加压；优秀之人期待加压；平庸之人被迫加压；慵懒之人拒绝压力，自我放纵。

我不知道我的弟子们给自己定的下次大考的目标是多少，但我知道，只要你永葆对自己的期望，并持续努力，你就能让自己人生的天花板越来越高。

2021-09-07

认真的人只错一次

每次大考成绩出来，几乎都会听到这样的声音：唉，低级失误太多了，如果没有这些失误的话，在班里我至少可以前进十名……

但是，世上没有如果，只有结果和后果。

都说"人非圣贤，孰能无过"，其实圣贤也有犯错的时候。有一次孔圣人到自己的学生子游当"县长"的武城，听到弹琴唱诗之声。孔子有些不屑地说了句"割鸡焉用宰牛刀"，意思是说治理这么小的地方，用不着礼乐。比孔夫子小四十五岁的子游严肃地回敬老师道："您从前可说过的，做官的人受教育就会多仁爱心，老百姓受教育则容易被管理。"也就是说自己在做一件很有意义的事。孔子赶紧说我跟你开玩笑呢。

圣人都会犯错，我们普通人就更难免了。不过虽然难免，但普通人中的那些佼佼者会尽量让自己少犯错。如何少犯错呢？那就是认真。认真是减少低级失误的一个非常重要的方法，或者说习惯。当然那种名为失误实则是硬实力有欠缺比如概念模糊不清等情况除外，若硬实力不行，只靠认真是远远不够的。

什么叫认真？认真就是严肃对待，不苟且。认真的人只错一次，不会在同一个地方跌倒第二次。

要想做到认真，我认为第一态度要端正，第二注意力要集中，第三自我惩戒要及时。

态度端正才会严肃起来，注意力集中才能避免低级失误，自我惩戒及时才能及时自纠自救，三者缺一不可。

我曾经遇到过学生学案不写的情况，问他为什么，他说感觉都会，没必要写。这就是典型的态度不端正、学习不够严肃的体现。如果会了就可以不写，不会更可以不写的话，那么任何训练题便都失去了意义。会，也要写，只有动笔才能梳理思路，完善细节，颗粒归仓。更重要的是保持和强化题感，类似于运动员的肌肉记忆，也就是条件反射。比如一看到语文病句题出现"目的是为了"就知道一定是错误的，比如一看到英语选词填空就很自然地去考虑单复数或时态、语态。一日不练，功夫减一半；两日不练，成了门外汉；三日不练，只能靠边站。所以，别跟我扯什么感觉自己都会了，只要你还在错，就老老实实把空给我填满。

再说注意力集中。只要不是身体的原因，任何注意力不集中的问题其实都是自我管控能力比较差导致的，要么抵制不了诱惑，要么抗拒不了干扰。只有能让自己达到心神合一的无我之境的人，才能更好地把握自己的人生。低级的欲望靠放纵就可以实现，高级的追求则必须靠自控自制。一百多年前，波兰有个小姑娘，名叫玛妮雅。她学习非常专心。有一次，玛妮雅在家看书。姐姐和几个同学在她面前唱歌、跳舞、做游戏。玛妮雅就像没听见、没看见一样。过了一会儿，姐姐和这些同学走到玛妮雅身后，悄悄地搭起几张凳子。只要玛妮雅一动，凳子就会倒下来。时间一分一秒地过去了，玛妮雅读完了一本书，凳子仍然竖在那儿。大家看了都很佩服，再也不好意思逗她了。玛妮雅长大以后，成为一个伟大的科学家。她就是居里夫人。

告诉同学们一个简单的方法，当你又开始放纵自己时不妨问问自己：现在这个三心二意的人，能不能配得上自己想要的生活？

最后说一下自我惩戒的问题。一般人都不愿意跟自己过不去，大部分人或者说绝大部分人想的都是"生活已够沉重，何必难为自己？"但是，几乎每个成功者都是习惯难为自己的，比如头悬梁的孙敬和锥刺股的苏秦。大家倒不用这么悲壮，但至少不能犯了错跟不犯错一样，好歹要对自己有个交代。以语文的名句默写为例，它是整个高考体系里面最简单的一道题，因为只有这道题有明确的范围。而每次大考也只是考其中的几篇而已，而每篇也只有那么几个难写的字而已。如果连这种题都错，就应该自我惩戒，让自己难受一些。你应该恶狠狠地对自己说："瞧这点儿出息，这种题都拿不下，怎么考好大学？"电视剧《亮剑》中团长李云龙让战士们用真刀真枪进行训练，有人表示不解，因为这样容易受伤。李云龙说："训练不流血，战场会丧命。"

自己对自己狠一点儿，生活才能对你留情。这是考试的铁律、打仗的铁律，也是人生的铁律。自我惩戒可以减少风险。从某种意义上来说，有意识地规避可能存在的风险就是一种成功。

成龙唱的一首老歌《壮志在我胸》中有这样几句歌词："拍拍身上的灰尘，振作疲惫的精神。远方也许尽是坎坷路，也许要孤孤单单走一程……茫茫未知的旅程，我要认真面对我的人生。"

我一向认为学习态度就是人生态度。认真学习就是认真生活的一种体现。孔夫子说："不迁怒，不贰过。"希望我的弟子们将来遇到任何题目都能做到题不二错，因为，认真的人只错一次。

2021-09-08

认真把事做对，用心把事做好

在上一篇随想中，我介绍了如何认真的一些方法。你可能会问我认真到底有什么用，我觉得认真最大的好处是尽自己所能把事情做对，让我们少一些遗憾。

什么叫遗憾？遗憾指不满意、悔恨、不甘心的事情，由无法控制的或无力补救的情况所引起的后悔。比如你只要认真一些就可以把一张奖状带回家，但考试成绩出来后，已经无法控制与补救，只能后悔。

不过，认真只能把事情做对，用心才能把事情做好。认真可以让我们少一些遗憾，用心则可以让我们多一些精彩。

以做题为例，认真的人会仔细审题，精细步骤，规范术语，工整书写；而用心的人除了以上这些外还能做到合理分配时间，适当取舍，努力揣摩命题人意图以做到有的放矢，等等。

合理分配时间，比如一道客观题不能超过几分钟；适当取舍，比如要绕过拦路虎，再杀回马枪；努力揣摩命题人意图，比如作文的命题老师，你觉得他想让你用具体事物立意还是用抽象事物立意，等等。

除了做题上的用心外，学习的其他方面也可以运用自己的小心思、小智慧。比如早预备列出一天的计划，晚上下课后自我验收；利用走路、候操、午晚休前等零碎时间有意识地推进零碎知识点；整理的笔记，力求既实用又美观；每天坚持记几个单词、成语，摘抄一两个好句子；考试时，给自己积极的心理暗示，等等。这些事情看起来都不大，但时间久了，就能将你顶到优秀生甚至尖子生的行列。

2016年河北省文科状元袁嘉玮，以706的高分刷新了1977年中国恢复高考以来的文科分数，从此载入史册。他每天最少比别人多学一个小时，如果他不说，谁都不知道他这一个小时是怎么挤出来的。是啊，怎么来的呢？有次回母校作报告时他讲道："我每天晚休铃响后，会躺在床上用心去想这一天我到底掌握了哪些知识点，这些知识点相关的知识体系是什么，我还有哪些知识点没有掌握，等等。一般用一个小时，想完、弄清楚自己的问题后，再睡觉，每晚都是如此。"

我想，这就叫用心吧，而且是一般人难以做到的那种用心。

同学们现在是学生，将来多半要做职工。我们来看看用心做事和不用心做事的区别。

在美国的佛罗伦萨州曾发生过这样一个故事。一个叫约翰、一个叫哈里的两个年轻人，同时进入一家蔬菜贸易公司工作。三个月后，哈里很不高兴地走到总经理办公室，向总经理抱怨说："我和约翰同时来到公司，现在约翰的薪水已经增加了一倍，职位也升到了部门主管。而我每天勤勤恳恳地工作，从来没有迟到早退过，对上司交代的任务总是按时按量地完成，从来没有拖沓过，可是为什么我的薪水一点没有增加，职位依然是公司的普通职员呢？"总经理没有马上回答哈里的问题，而是意味深长地对他说："这样吧，公司现在打算预订一批土豆，你先去看一下哪里有卖的，回来我再回答你的问题。"

于是哈里走出总经理办公室，找卖土豆的蔬菜市场去了。半小时后，哈里急匆匆地回到总经理办公室，汇报说："二十公里外的'集农蔬菜批发中心'有土豆卖。"总经理听说后问道："一共几家卖的？"哈里挠了挠头说："我刚才只看到有卖的，没看到有几家，您稍等一会儿，我再去看一下！"说完又急匆匆地跑了出去。二十分钟后哈里喘着粗气再次跑到总经理的办公室汇报："报告总经理！一共有三家卖土豆的。"总经理又问他："土豆的价格是多少？三家的价格都一样吗？"哈里愣了一下，又挠了挠头说："总经理，您再等一会儿，我再去问一下。"说完，哈里就要往外跑。这时，总经理叫住他："你不用再去了，你去帮我把约翰叫来吧。"

三分钟后，哈里和约翰一起来到总经理办公室，总经理先对哈里说："你先在这里休息一下吧。"然后又对约翰说："公司打算预订一批土豆，你去看一下哪里有卖的。"四十分钟后，约翰回来了，向总经理汇报："二十公里外的'集农蔬菜批发中心'有三家卖土豆的，其中两家是卖0.9美元一斤，只有一家老头卖的是0.8美元一斤。""我看了一下他们的土豆，发现老头家的最便宜，而且质量也最好，因为他是最近农园里种植的。如果需要的话，价格还可以更优惠些，并且他们家有货车，可以免费送货上门。""我已经把那老头带来了，就在公司大门外等着，要不要让他进来具体洽谈一下？"总经理说道："不用了，你让他先回去吧！"于是，约翰就出去了。

这时，总经理看着办公室目瞪口呆的哈里，问道："你都看到了吧！如果你是总经理，你会给谁加薪晋职呢？"哈里惭愧地低下了头。

有心人，是有悟性的人。因为"悟"这个字拆开来便是"吾有心"，也就是"我有心"啊。

学习、工作需要用心，那生活中呢？同样需要，比如随时随地给自己充电。

以我自己为例，我在做家务的同时比如洗碗时会看《四郎讲棋》或

《越哥说电影》，以提升棋力和电影鉴赏水平。在墩地、扫地时则听《百家讲坛》或《十点读书》，以开阔视野、丰富知识。而在跑步机上健步时也可以听书。有人说："身体和灵魂，总有一个要在路上。"健步时听书，轻轻松松，就让两者都在路上了。我喜欢听书，也喜欢唱歌。我会先录歌，再去洗碗，边洗碗边听自己录的效果，效果好就发布，效果不好就洗完碗再录一遍。反正能同时做两件事情的时候，就绝不只做一件。用心一点儿，并不累，只有充实。

当然我原来也不是这样的，所以那时候不喜欢做家务，但自从开启了充电模式，不知不觉中就把活儿干完了，把屋里收拾干净之后，坐在沙发上看着整洁明亮的房间，想着刚才浏览的一部好电影或听到的一本好书，那种感觉，实在是太美妙了。任何生活方式的转变，都源于思维方式的转变。我转变的思维方式就是让枯燥乏味的事情趣味化、知识化、艺术化。

在周星驰自传体电影《喜剧之王》中有这样一段对话：

周星驰扮演的天仇：这位大哥，你在哪儿学的戏呀？

成龙：我没学过戏。

天仇：哎呀！你真是天才。

成龙：（拍拍天仇的肩膀）你用点儿心就行，啊，用点儿心。

学习工作也好，做家务也罢；买土豆也好，演戏也罢，认真把事做对，用心把事做好。凡事儿用点儿心就好了，加油吧！

2021-09-09

痛苦是对自己无能的一种愤怒

作家王小波说:"人的一切痛苦,本质上都是对自己无能的一种愤怒。"越想越觉得这句话有道理。

就拿减肥这件事来说吧,虽不用瘦成一道闪电,但至少可以穿衣显瘦、脱衣有肉,至少可以穿什么衣服都特别有型。但既管不住嘴,又迈不开腿,还赶上自己是易胖体质,又怎么可能减肥成功呢?

胖子的生活是这样的:贫穷可以限制一个胖子的想象,却不能限制他的体重;虽不能拥有一个说走就走的旅行,却拥有了一个说胖就胖的体型;很多机会都说走就走,只有身上的赘肉对自己不离不弃、忠心耿耿;逛商场出门时被保安拦住问腰里鼓鼓囊囊的东西是什么,豪横地掀起衣服说:"肉,我自己的,不可以?"认认真真读书时,也会被人误会为是在点菜;脾气不好,成绩不好,气质不好,长相不好,唯一值得骄傲的就是胃口好;身材合理的人笑起来很好看,胖子则是看起来很好笑;挣扎了几番后发现无济于事,于是就安慰自己说:"别减肥了,八戒走了十万八千里路都没能瘦下来,而且他还吃素。"

当然以上还都不算是最狠的，我听过的调侃胖子最狠的一句话是模仿司马迁的那句"人固有一死，或重于泰山，或轻于鸿毛"的"胖子固有一死，或重于泰山，或重于其他山"。可是，即使被调侃贬损到这种程度，依然不能管控自己、经营自己，让自己一胖到底，坚贞不渝。如果内心是痛苦的，那便是对自己无法控制自己体型的一种愤怒了。

前两天读到一段特别有趣的话：人生如梦，我总失眠；人生如戏，我总穿帮；人生如歌，我总跑调；人生如战场，我总走火。反正是怎么过，都"万分难过"；怎么走，都无路可走。我相信这样的人是痛苦的。

假想一下，你的亲人比如父母双亲中的某一个躺在医院里，他（她）急需要一笔钱来做心脏搭桥手术，但你经济实力一般，拿不出来。那一刻，你就是痛苦的，因为你无能为力。痛苦，是对自己无能的一种愤怒，而且这种愤怒无处发泄。这是一种无力的愤怒，或者说是一种悲凉的愤怒。

我上高中那会儿有两年时间学数学特别痛苦，因为学不会；参加工作以后有两年带毕业班特别痛苦，因为总是带不上去。但是数学在高三上半年最终被我搞定了，那两年毕业班的高考成绩也都很好，我的痛苦自然也就没了。既然痛苦是对自己无能的一种愤怒，那么解决之道就只有一个——不停留于愤怒，然后提升自己的能力，把问题解决掉。

人生必然会有痛苦，那么请享受那些无法回避的痛苦吧。懂得与自己和解，是一种智慧。

无法回避，那就享受它，只要我们不想被它逼得避无可避；必须面对，那就解决它，只要我们不想被它解决掉。

2003年5月，美国登山爱好者阿伦·拉斯顿在犹他州一座峡谷攀岩时，因右臂被石头压住被困五天五夜，为了逃生，他强忍剧痛，花了一个多小时的时间，先后将桡骨和尺骨折断，用自己的运动短裤当作临时止血带，然后用小刀从肘部将右前臂硬生生切断。从岩石下脱身后，为

痛苦是对自己无能的一种愤怒

了与失血抢时间，他以超人的毅力爬过狭窄和风力强劲的峡谷，缘绳下到 60 英尺深的谷底，再步行 5 英里后与营救人员相遇，终于成功生还。后来，他的这一经历被拍成了电影《127 小时》。

曾读过一篇《水塔上的小白杨》。那种子被风儿抛弃在水塔上，长成了一棵小白杨，虽是水塔，但其上面却极为干涸。小白杨不痛苦，也不悲伤，它费尽心思与气力让自己在生存条件极其艰苦的水塔上站稳脚跟，然后努力向上。文中写道："小白杨懂得，在水塔这样近乎绝境的地方求生存，必须打破传统的思维模式。为了生存，不能娇气，不能和土地讲条件。"

很多人无疑是高贵的，但我觉得植物也是高贵的，动物也是。比如老鹰，为了再活三十年，可以忍着痛把喙砸破，然后用新喙把指甲拔出，再用新长出的指甲把羽毛拔出。

任何生灵都是趋利避害的，谁都不想被命运如此折磨，但既然倒霉事儿就这样毫无征兆地降临到我们身上，也只有接受它，然后努力改变自己能改变的一切！

痛苦，是对自己无能的一种愤怒；迷茫，就是才华还暂时配不上梦想。

能感到痛苦和迷茫也有其积极的一面，至少说明你是有知觉的，麻木者就不痛苦不迷茫了。有痛苦，就有救赎的希望；迷茫过，亦有领悟的可能。

所以，少一些自我攻击，把自我攻击的力气用来对付这些你必须面对的难题吧。一点点儿去啃那些或学习或生活中的硬骨头，直到品出它深沉而幽远的香气。

你可以的！

2021-09-10

保护好自己就是在保护自己的家

今年暑假,我让我的大女儿看了几个瞬间拐走小孩儿的监控视频,把她吓得有了些心理阴影。她倒不是担心自己,毕竟她都要念初三了,她是担心她五周岁的小妹妹。她说,爸爸,以后再出去,我更得把小曼看紧一点儿了。

2008年有了大闺女以后,我的胆子变得越来越小了;2016年有了二闺女以后,胆子变得更小。

看到一些拐卖儿童的报道会害怕,听说某个少女被性侵的新闻会害怕,因为总会想到自己的女儿。看拐卖儿童题材的电影《亲爱的》我会流泪,看少女被性侵题材的电影《素媛》我会揪心。前几天看到的那则一女孩儿半夜去烧烤店喝酒,被陌生人劝酒致死的短讯更是让我心惊肉跳。我虽然知道这类不幸的事情发生的概率很低,降临到自家头上的概率更低,但一想到两个孩子不能百分百在我的视野范围之内,我就会担心,就会害怕。记得生大女儿前,有人问我想要闺女还是想要儿子,我说都好,儿子的话,就多一个帮我保护这个家的人;女儿的话,就多一个需要我保护的人。对我而言，都是幸福的。但幸福归幸福，担心是免不了的，除非你对孩子不够爱。

当一个人有了牵挂，尤其是那种至死方休的牵挂，就会不可避免地变成一个不可救药的胆小鬼。

为人子女，我们要尽量规避伤害，让自己安然无恙。因为虽然我们处在一个强大而和平的国度，但在这样的国度中，也是有垃圾人存在的。

什么是垃圾人呢？就是三观不正，做人没有底线，有反社会倾向的人。他们见不得别人好，以侵害美好的事物为乐。所以，遇到这类人，一定要远离。跟能讲道理的人讲道理，对不能讲道理的人则要敬而远之。可与高人争高下，莫与垃圾论短长。因为无论结果如何，你都已经输了。

尼采说："与恶龙缠斗，你也会变成恶龙；你凝望深渊，深渊也在回望你。"后半句我们在电影《唐人街探案2》中听到过。

2017年，昆明曾发生这样一场悲剧。28岁的姑娘刘洁，带未婚夫去医院看望生病的外婆。在住院部楼下遇到一名醉汉，只因不小心碰了一下，醉汉就骂骂咧咧，这对情侣就和醉汉理论起来。结果醉汉二话不说，突然抽出刀子，冲着女孩连捅两刀，一刀心脏、一刀脾脏……刘洁当场死亡。

2018年4月19日晚，在宝鸡渭滨区石坝河街道一麻辣烫店，一名小男孩进店帮妈妈取筷子。进门的时候软门帘打到了在门口就餐的一名孕妇。小男孩儿没注意到即将到来的危机，在他出门时，这个孕妇伸脚将他绊倒，致使其后脑勺着地。妈妈看不到孩子，从店外赶来，大吃一惊。而那名孕妇却以身体不适为由离开了现场。这个孩子被医院初步诊断为颅脑外伤……

孩子，也许你是一个正义感强而且敢说敢做的人。这是值得欣赏的。但你毕竟还太小，而且就算你到了十七八岁，这世上还是会有一些力气比你大、心比你狠，而且不计后果的人。所以请记住张老师的话，遇到垃圾人，不要试图教育他们，尽快远离，真要有事儿该报警报警，该打电话告诉家人告诉家人，不要轻易与人起争执，尤其是不与那些目露凶光的人起争执。放心，他们早晚会受到惩罚，老天爷心里有数，法律那里更有数。

保护好自己，除了避免受到垃圾人的伤害外，还要注意善待自己，至少不要戕害自己。

不要轻生，因为只要我们还活着，一切终将过去，一切又将开始。不要吸毒，因为不是每一种好奇心都值得去满足。要懂得敬畏法律，本应鲜衣怒马，长安街头，却因一日失足而去触摸深牢大狱的墙壁。2018年统计数据显示，中国未成年人犯罪人数为3.8万。要懂得照顾自己和经营自己，让自己吃得下、睡得着、笑得出、干得成。

请记住，你的所有不幸，在父母那里都是加倍的，幸福也是。

我在多篇文章中都提到，家庭是最小的人类命运共同体。每个人都不仅仅属于他（她）自己，保护好自己，就是在保护自己的家，就是在安稳父母的心，就是在尽孝啊。

好好儿的，孩子们，家人爱你们。

2021-09-11

因为有你，心存感激

一个生命就要走到尽头而只有十六岁的男孩儿，为了向对他进行过帮助的人说声谢谢，和父亲踏上了"感恩之旅"。这个男孩儿叫黄舸。7岁时，他被确诊为先天性进行性肌营养不良。很多陌生人给予了他帮助。生命快要结束了（这个病的存活纪录是18岁），黄舸不想给自己留遗憾。他说："坐着父亲开的三轮车，到好心人的家门口亲口说声谢谢，送上一束鲜花表达我深深的谢意，是我最大的心愿。"这个心愿一直支撑着他走下去。感恩之旅，亦是与死神的赛跑之旅。

疾病早已剥夺了他站或坐的能力。所以每天，父亲必须小心翼翼地把他抱上轮椅，用绳子仔细"固定"，以保证他不致滑落。父子两个从2003年开始走遍全国寻访素未谋面的恩人。因为没有钱，父亲用一辆三轮车载着儿子走过了82个城市，行程13000多公里，向30多位当年给他们汇款的恩人当面致谢。

行程13000多公里，只为当面感谢恩人，此等心思，此等作为，使黄舸成为2006年感动中国十大人物之一。黄舸说如果有一天离开人世，他希望把自己的眼角膜捐给需要的人。感恩的最佳表现形式就是施恩于人。2009年，黄舸去世，年仅21岁，虽属于英年早逝，但怀揣一颗感恩之心的黄舸创造了这种病存活年龄的新纪录。

"恩"这个字，由"因"和"心"组成，可以理解为因为有你，心存感激。

在这个目前所知唯一有人类存在的孤独的星球上，在这个每个人只有大几十年可活的人世间，与人为善，播撒点滴的善意，成本很小，回报却极为丰厚。可以让对方幸福，也可以让自己快乐。可以让彼此都看到这个世界的美好与温暖。

历史上有很多不起眼的小人物，但他们却阴差阳错地影响了历史。比如项伯，如果张良没有帮助过项伯，又有谁去给刘邦一方报信，又有谁在项庄舞剑之时去翼蔽沛公呢？张良施恩，项伯报恩，西汉二百年基业由此开始。

滴水之恩，也应铭记在怀。救命之恩，便更不必说。

2020年武汉新冠肺炎疫情，白衣天使逆行施助；2021年河南特大洪水，人民官兵紧急救援。有人为之献出了自己宝贵的生命。2020年3月2日，武汉牺牲的医务人员为33人，到4月4日，已上升到59人。电影《惊涛大冒险》主题曲中有这样一句歌词：你愿意为陌生人，献出你的生命么？其实谁都不愿意轻易为陌生人献出自己的生命，但因使命在肩，他们便义无反顾。

今年河南的特大洪水让我想起了1998年的特大洪水。

在1998年刚刚入夏的时候，我国迎来了一次大面积降雨，这次降雨也带来了百年不遇的特大洪灾。在长江流域出现过八次洪峰，涉及长江沿岸的29个省市。这场洪水打破了我国洪水量最大、涉及省份最多、持续时间最长、造成破坏最大的纪录。国家为了最大限度地保护人民群众的生命和财产安全，特意派出了32万解放军奔赴抗洪救灾的第一线。

| 因为有你，心存感激 |

由于洪水来得实在迅猛，不仅水流量大还十分湍急，救援官兵们刚刚扔进水里的水泥、沙包和石料等救援物资一下子就被洪水冲走了。眼看着洪水越来越凶猛，情急之下，他们一个又一个跳进了江中，用自己的身体当作挡水墙，硬生生在长江两岸铸成了一道人墙，用自己的生命保卫人民。可是救援官兵的身体毕竟是血肉之躯，在特大洪水的不断冲击之下，很多体力不支的战士都被洪水卷走了。岸边的人民群众看到这一景象十分不忍，哭着求救援官兵们不要再跳了。但他们还是为了自己的职责，不惧死亡，一次又一次地跳了下去……

古写的"灾"字为上"水"下"火"，取水火无情之意。2020年，四川凉山大火，18位消防战士永远离开了我们。去时21人，返程3人，且都已被烧伤。去时座位满满，归来只剩行囊。他们走得那样匆忙且悲壮，他们都很年轻。

哪里有什么岁月静好？只不过是有人替我们负重前行。哪里有什么阳光普照？只不过是有人替我们驱走了阴影。

因为有你，心存感激。

感激父母，因为他们是我们的第一推动力；感激兄弟姐妹，因为他们让我们不再孤单；感激老师，因为他们是我们成长路上的指示牌；感激同学，因为他们是我们并肩作战的伙伴。感激每一位帮助过我们的人，因为他们让我们永葆拥抱未来的勇气；感激那些虽没有帮助过我们却为了人间大爱慨然前行的医生、战士，因为他们不仅能给予我们归属感与安全感，更让我们看到了信仰与使命背后的磅礴力量。

感激生而为人，感激自己还有时间可以用来去感激。

因为有你，心存感激。因为感激，传递善意。而一个人人感激满满亦善意满满的社会，应该就是最美好的社会了吧。

感恩的心，感谢有你，花开花落我一样会珍惜。

2021-09-13

中学生应该了解的十种心理学效应

1.首因效应。第一印象非常重要，所以请随时注意你的仪表和修养。尤其是修养，这东西是装不出来的。比如见了学校保洁人员也会主动打招呼，比如会把谢谢挂在嘴边，比如从不嘲笑别人。

2.聚光灯效应，又叫焦点效应。过于在乎别人怎么看自己，让自己焦虑，甚至抑郁。其实没必要这样，因为那些追梦人估计都忙得没空看你，所以不会看不起你的。你简单，世界就对你简单。

3.投射效应。这种效应主要指的就是以己度人，所以做一个好人要幸福得多，因为他们相信这个世上一定是好人更多。坏人往往心里不踏实，因为他觉得别人也坏。当然要想理性一点儿，就得跳出自己的固化思维去审视外界，这需要勇气，更需要智慧。

4.酝酿效应。当难题得不到解决的时候，别一门心思死磕，小心被磕死。先别理它，放松一下，酝酿一会儿，没准灵感会不请自来。钻牛角尖儿不撞南墙不回头的人，算是中了佛教所言三毒中的"痴"毒。

5.蘑菇效应。职场新人如果干不出业绩，特别容易被冷落，如同在阴暗角落中生长的蘑菇，难见天日。不过没关系，"不患人之不己知，患其不能也"。努力提升自己就好了，只要你是最棒的蘑菇，就一定有一双温柔手把你采摘。

6. 飞轮效应。只要飞轮已经启动，在惯性下就能转好久。万事开头难，当你下定决心做一件事并勇敢迈出第一步的时候，其实你就已经走在通往成功的路上了。去做就好了，先开始，然后坚持。总在那里空想，除了按部就班老去外，不会给你带来任何实质性的变化。

7. 登门槛效应。门槛从低到高，任务从易到难，一点点儿提升自己，不知不觉就能登上一个很高的平台了。"勤学如春起之苗"就是这个道理，只要本身不拒绝成长，慢慢儿地，自然就长大了。

8. 安慰剂效应、又名伪效应、非特定效应。虽然药物并不管用，但因对医生充满信任，病痛也会因心理因素得到缓解。积极的心态是可以治病的，所以不妨让自己更阳光一点儿、更乐观一点儿。

9. 破窗效应。恶习特别容易被模仿，往上走很难，堕落则很容易。当集体成了乌合之众，往往会导致无意识。所以从一开始就不要破防，勿以恶小而为之，至少要守住应有的底线。类似的有旁观者效应，人一成群就会丧失责任感，所以说"天下兴亡，匹夫有责"，就相当于人人无责，应该是"天下兴亡，我的责任"。

10. 锐化效应。观念影响认知。比如你越有意识地常思他人难处，常念他人好处，就越觉得众生皆苦，就越觉得人人都值得感恩。所以，让自己形成客观理性的三观，会让自己这一生受益无穷。

所有的行为都由心理支配。所以，让自己再健康一点儿，再理性一点儿，再从容一点儿，再坚韧一点儿，再阳光一点儿。你既是自己的主宰，也是自己的朋友，多跟自己说说话，放空自己，静坐观心，睁开眼来，你会发现，青山相待，白云相爱，自己被这个美好的世界拥在了怀里。

最后想说的是，没有什么过不去的坎儿，让自己的心清澈如水。只要还活着，我们就有机会。

2021-09-13

中学生应该了解的六种逻辑谬误

第一种，诉诸公众，只要做一件事的人很多，这件事就没问题。

不用管红绿灯，大家都在这样过马路，凑一拨儿，就可以走了。

不用管午晚休铃声，大家还都在聊天，大家都停的时候再停也不迟。

请记住：任何人做错事，都不是你做错事的借口。

第二种，诉诸情感，不讲原则，感情用事。

他虽然是在骗保，但他也确实是没法子了，他家庭太困难了。

小明虽然考试作弊了，但他只是想给父母带去一点儿安慰。你知道么？他妈妈病了。

请记住：任何冠冕堂皇的理由，都不应该成为你降低人格标准的理由，包括卖惨。

第三种，赌徒谬误，把自己假想的规律当规律。

有赌徒发现，抛掷硬币时哪一面朝上好像有一定的规律，然后按照这一规律下赌注。

有学生发现，自己大考成绩总是一次好一次差，掐指一算，高考赶上的偏偏是差，于是心态崩了。

请记住：你考得好与差与所谓的概率无关，这世上其实不存在什么考得不好，只有学得不好。好好学就是了。

第四种，轶事证据，拿极个别的事例来说明普遍道理。

比尔·盖茨辍学后成了世界富豪，所以辍学也没什么大不了的，没准还能成为富豪呢。

张帆每天晚来早走，但成绩却始终名列前茅，我应该向他学习。

请记住：成功的道路大同小异，不外乎天分加努力。在你根本就没弄懂人家是靠啥成功的时候别乱猜，更不要为自己的不作为找挡箭牌。

第五种，错误归因，想当然作出推论，不愿自我剖析。

哼！她不嫁给我，还不是因为我穷。

哼！老师不喜欢我，还不是因为我成绩差。

请记住：没有人天生让人喜欢，也没有人天生让人讨厌，主要靠后天修炼。若不喜欢你的人确实很多，一定要想想深层原因是什么，别以想当然的推理为自己开脱。

第六种，基因谬误，根据一个事物的出身来判断其好坏。

这人一看就聪明，他是犹太人。

这个同学肯定懂得少，因为他是农村的。

请记住：王侯将相尚且无种，别轻易下结论。今天你对人家爱答不理，也许明天人家就让你高攀不起。

这六种逻辑谬误都是欠缺理性精神的体现。理性精神欠缺，则独立意志堪忧。不人云亦云，不主观臆断，沉静思考，理性分析，做自己灵魂的主宰。从读完这篇文章起，努力做一个睿智的人吧。

2021-10-08

推荐中学生精读的十本好书

第一本,尤瓦尔·赫拉利《人类简史》

首先,敢以这个标题出书的人,已足够令人肃然起敬。因为这题目实在太大。通过这本书,你会了解到人类从动物到上帝的演进过程,会知道"八卦"的重要性,会明白定居生活也并非十全十美,会看到动物在现代养殖链条上的悲惨处境,会把眉头皱紧去思考人类的命运。

我最喜欢的句子:"拥有神的能力,但是不负责任,贪得无厌,而且连想要什么都不知道。天下危险,恐怕莫此为甚。""大西洋奴隶贸易并非出于对非洲人的仇恨,而现代畜牧业也同样不是出于对动物的仇恨。这两者背后共同的推手,就是冷漠。"

第二本,孔子及门人弟子《论语》

孔子及门人弟子几乎把我们这一生所需要的处世哲学和为学精神说尽了。读这本书,可以让我们少走很多弯路。人生苦短,少走弯路,相当于将生命有效延长。尽自己所能去做一个君子,达可兼济天下,穷能独善其身。

我最喜欢的句子："朝闻道，夕死可矣。""不患人之不己知，患其不能也。"

其他推荐：张潮《幽梦影》、洪应明《菜根谭》。

第三本，高洪雷《另一半中国史》

了解了人类的历史，了解了处世与为学的标准，我们来了解一下我们的兄弟姐妹们。我们学的传统意义上的历史是王朝史，而绝大多数王朝是汉族建立的。《另一半中国史》讲的是中华大地上曾出现过或依然存在的各个少数民族的历史。不读这本书，你可能不知道世界上很多国家都有我们曾经的兄弟姐妹的后代。

我最喜欢的句子："如果我们很久以前就一直看着一粒孱弱的种子如何在千里之外被一只小鸟衔走，又如何漂洋过海落到了这里的山谷中；看着它如何在风吹雨打霜欺雪压中逐渐长大，在漫长的岁月里挺过了泥石流和山火的灾难，身上留下了深深的疤痕；又如何在近旁的植物一株株死去的时候艰难地活了下来，直到长成这样伟岸的模样，我们才能体会到奇迹之所以成为奇迹，美丽之所以成为美丽的深层原因。""我的书写厚重与否不太重要了，重要的是我们学会了在历史的悲剧中记取训诫，在前人的成功中吸吮养料，在偶尔的闹剧中体验幽默，在旷古的疑问中独立思考，在独立的思考中感悟人生。"这本书好句子实在太多了，我摘抄了296句。

其他推荐：司马迁《史记》、当年明月《明朝那些事儿》。

第四本，申赋渔《逝者如渡渡》

书中介绍了30多种世界上已经灭绝或正在走向灭绝的动物的故事，其深刻之处在于作者介绍很多物种消亡的同时也匹配了与之紧密相关的人群的衰亡。敬畏生灵，其实就是善待自己。

我最喜欢的句子："它们走了，我们还在，孤独的人类是可耻的。"

其他推荐：斯特凡诺·曼索库《失敬了，植物先生》。

第五本，吴承恩《西游记》

《西游记》老少咸宜，没有什么阅读门槛。可以当励志书来读，可以当佛学禅修书来读，可以当幻想小说来读，可以当幽默段子书来读。随时打开，故事精彩；随便翻翻，笑口常开，还能从中领悟出些为人求学的道理来，更不用说作者的一些小心思。比如"斜月三星洞""六贼无踪""七情忘本"等。

最喜欢的句子：孙悟空的"只要你心念至诚，念念回首处，即是灵山"。猪八戒的"不瞒师父说，老猪自从跟了你，这些时俊了许多哩"。沙和尚的"怎敢图此富贵！宁死也要往西天去，决不干此欺心之事"。唐长老的"悟空，我心说正月怎得萤火，原来是你"。

其他推荐：施耐庵《水浒传》、蒲松龄《聊斋志异》。

第六本，周国平《周国平散文集四部曲》

思想随笔类文章干货多，但不容易入境。周国平这四本散文集《守望的距离》《安静》《各自的朝圣路》和《善良 丰富 高贵》却既可以让读者轻松入境，还能让我们开卷有益。真的，任何一页都可以。

最喜欢的句子："他把人造的一半是人，一半是兽，将渴望不朽的灵魂和终有一死的肉体同时放在人身上，再不可能有比这更恶作剧的构思了。""一个人无论看到怎样的美景奇观，如果他没有机会向他人讲述，他就决不会感到快乐，人终究是离不开同类的。""父亲的死使我觉得我住的屋子塌了一半，女儿的死又使我觉得自己成了一间徒有四壁的空屋子。"好句子太多，我摘抄了131句。

其他推荐：林清玄《清欢三卷》、张晓风《孤意与深情》。

第七本，刘亮程《一个人的村庄》

我们都知道原生家庭对人的影响极大，而家乡则是一个人更大意义上的原生家庭，是一个人永远的根。驴子、马、狗、羊其实都有自己的喜怒哀乐，只不过我们不屑于懂。刘亮程这本书带着我们以动物的视角看人,以上帝的视角看动物。人应该谦卑一点儿,就像大地,越谦卑才越博大。

最喜欢的句子:"多少漫长难耐的冬夜,我坐在温暖的卧室里喝热茶,看电视,偶尔想到阴冷圈棚下的驴,它在看什么?跟谁说话?""有些虫朝生暮死,有些仅有几个月或几天的短暂生命,几乎来不及干什么便匆匆离去。没时间盖房子,创造文化和艺术,没时间为自己和别人着想。生命简洁到只剩下快乐。我们这些聪明的大生命却在漫长的岁月中寻找痛苦和烦恼。""我没有天堂,只有故土。"

其他推荐:鲁迅《朝花夕拾》、李娟《我的阿勒泰》、贾平凹《商州初录》。

第八本,弗雷德里克·巴克曼《一个名叫欧维的男人决定去死》

一个对生活失去热望决定去死的古板老头儿,却最终活出了一个质感十足的人生。简单地去爱这个世界,恪尽自己应有的职守,不吝啬对身边人的善意,也可以像欧维一样活得平凡,死得从容。或者说活得有色,死得有声。这还是一本超级搞笑的书,读完发现原来古板的人这么好玩儿。每一章的题目都是以"一个叫欧维的男人"开头,非常有趣。

最喜欢的句子:"认错很难,特别是错了很久以后。""死亡是一桩奇怪的事情。人们终其一生都在假装它并不存在,尽管这是生命的最大动机之一。我们其中一些人有足够时间认识死亡,他们得以活得更努力、更执着、更壮烈。有些人却要等到它真正逼近时才意识到它的反义词有多美好。另一些人深受其困扰,在它宣布到来之前就早早地坐进等候室。我们害怕它,但我们更害怕它发生在身边的人身上。对死亡最大的恐惧,在于它与我们擦肩而过,留下我们独自一人。"

其他推荐:路遥《平凡的世界》、余华《活着》、罗曼·罗兰《约翰·克里斯多夫》。

第九本，夏坚勇《湮没的辉煌》

《湮没的辉煌》让我感受到了文化底蕴所挟带的力量。我想也只有中国人才能具备这样的文化底蕴。有些历史，完全可以深度挖掘；有些人群，真的应该走近去看。

最喜欢的句子："一个专门用悲剧英雄和侠义英雄来表现的时代，实在是因为本身没有喜剧，也没有正义的缘故。""孤独是一座祭坛，几乎所有的伟人和思想者都要走上这座祭坛。从某种意义上来说，他们生命的造型就是一群力图走出孤独的羁旅者。""太平盛世，天下是达官贵人的天下；可到了国将不国的时候，天下便成老百姓的了。"

其他推荐：余秋雨《文化苦旅》、朱鸿《夹缝中的历史》。

第十本，汪国真《汪国真诗集》

有人说汪国真的诗没有什么深度，都是一些心灵鸡汤。我觉得青年人不需要太有深度，想多一些深度，去读哲学书，不要读诗。青年人阳光奔放且稳重睿智就好。而汪国真的诗已经足够阳光睿智了。

最喜欢的句子："世界上有不绝的风景，我有不老的心情。""人生是跋涉，也是旅行；是等待，也是重逢；是探险，也是寻宝；是眼泪，也是歌声。""你若有一个不屈的灵魂，脚下就会有一片坚实的土地。"

其他推荐：席慕蓉《七里香》、泰戈尔《飞鸟集》。

什么是好书？我认为有四个标准，符合其中一个便是好书。哪四个标准呢？读好书可增长见识，读好书可陶冶性情，读好书可启迪智慧，读好书可领悟人生。总之，读好书可以让我们更为睿智与丰富，更为温暖与沉静。小说也好，散文也罢；哲学也好，史学也罢；大部头也好，小品文也罢，徜徉好书之海，如拥王城一座。人生就这么几十年，我推荐的书就这么寥寥几本，加上其他推荐也就不到 30 本，就别再错过了。你说呢？

今天你读书了么？

2021-10-09

推荐中学生细品的十部好电影

第一部,《佐贺的超级阿嬷》

无论生活条件有多优越,我们都要有过苦日子的力量与智慧。这位姥姥告诉我们:生活中处处都是学问,尤其是穷人的生活中。虽然很多时候是被逼出来的学问,但这也正彰显了生命的韧性与高贵。

经典场景:外孙按照外婆的方法兴高采烈地在河里捞人们丢弃的菜叶,并展示给外婆看。

经典台词:"即使小偷来了,也没东西可以偷,因为实在一无所有。说不定他还会给我们留点东西呢。""贫穷有两种,一种是穷得消沉,一种是穷得开朗。德永,别担心!我们家是穷得开朗!也许现在我们没有钱,日子过得苦,但我认为贫穷是获得幸福的准备活动。只要能道声再会就是幸福;如果能说改天见就更加幸福;要是能说好久不见,就更加幸福了。""别抱怨冷啊热啊的!夏天时要感谢冬天,冬天时要感谢夏天。"

第二部,《那山那人那狗》

祖辈比如外婆是怎样活着的,去看《佐贺的超级阿嬷》;父辈比如父亲是怎样活着的，去看《那山那人那狗》。

我觉得最美好的父子情是彼此懂得，并实现传承。这部电影便是如此。这是一部没有什么矛盾冲突的电影，东方式的父子亲情，东方式的水墨山水。心里烦躁时，看一看它，可以治愈一切。

经典场景：第一次替父送信的儿子把独来独往了一辈子的乡村邮递员父亲背在身上时，父亲流下了眼泪。当我们能背得动父亲时，他们就老了。

经典台词："人的心要比走路的脚还要累。"

其他推荐：《岁月神偷》《钢的琴》《美丽人生》。

第三部，《驭风男孩》

现在看看我们自己该怎样活。

这部电影根据真人真事改编而成。如果你像影片中的男孩儿一样身处一个贫穷国家（马拉维，世界上最贫穷的十个国家之一）的贫寒家庭，土地常年干涸，民众普遍落后，你该怎么办？男孩儿的做法是在图书馆自学风车发电原理，利用物理知识制造风车，再用风车发电，然后用电把水汲取出来，再用水浇灌大地，用大地滋养庄稼，用庄稼养活众生。不抱怨，去改变，还有比这个更励志的故事么？

经典场景：小男孩儿看着自制的简陋无比的风车一点点儿转动起来，眼神清澈而骄傲。

经典台词："我能引来水，我能召唤风。"

其他推荐：《汪洋里的一条船》《风雨哈佛路》。

第四部，《多哥》

人，可以自强不息；动物，也可以舍生忘死。

1925年冬天，美国阿拉斯加州诺姆市一群孩子患上了白喉。费尔班克斯有治愈疾病的血清，正通过铁路进行运输，往返行程674英里。但暴风雪正笼罩在他们头顶，直升机飞不进来，唯一的运送途径只有雪橇犬。电影《多哥》讲述了赶雪橇高手塞帕拉带着他的雪橇犬队，与其他19位雪橇手一起，靠接力奔跑完成了这场不可能完成的任务的故事。这是一个真实的故事。雪橇犬多哥并不知道他的主人在做一件多么伟大的事情，它只知道只要主人一声令下，它便义无反顾地出发。绝不讨价还价，更不阳奉阴违。"士为知己者死"不仅仅存在于人与人之间。在一些伟大的生灵面前，我们肃然起敬，并自叹不如。

经典场景：因暴风雪太大，主人无法辨别方向，但英雄多哥自己带着队伍将主人拉到了下一个驿站。

经典台词："这是我见过的最不寻常的事，它不是雪橇犬，它是犬王。"

其他推荐：《灵犬雪莉》《忠犬八公的故事》。

第五部，《怦然心动》

这一部我们聊一聊爱情。

爱情固然包括那一瞬间的吸引，但更包括长久的欣赏与陪伴，以及给对方成长成熟的时间与空间。为了保护一棵无花果树，朱莉爬到树上与伐木者对峙，这当然不是大家闺秀的做派，但那份率性与悲悯，已经让屏幕外的我怦然心动。朱莉是彩虹一般绚烂而诗意的人，至于她的那位小男朋友，愚以为有点儿配不上她。

经典场景：男孩儿出于歉意与爱意到女孩儿家的院子里种树，女孩儿走过去，然后二人温暖对视。

经典台词："有些人沦为平庸浅薄，金玉其外，而败絮其中。可不经意间，有一天你会遇到一个彩虹般绚丽的人，从此以后，其他人就不过是匆匆浮云。"

其他推荐：《送你一朵小红花》。

第六部，《遗愿清单》

这一部我们聊一聊生死。

是不是要等到死亡来临之前，我们才会抓紧把想做却一直未做的事情完成呢？当然，有的事情想做也做不了了。甚至，突然来临的死亡根本不给我们罗列清单的机会。讨论死亡是为了更有质量地活。人生太短暂了，无论怎么活，好像都有点儿浪费，所以这个问题任何人都应沉下心来想一想。苏格拉底说："未经思索的人生，不值得一过。"

经典场景：两个身患绝症的老头儿，一着红衣，一着黄衣，高空跳伞，体验速度与激情。

经典台词："我做过的事，并不是每件都让我问心无愧。但要是再来一次，我肯定还会那么做的。""人生的意义究竟是什么？我到现在也无法下定论。但我至少能这么说：我知道，他在离世的时候合上了双眼，却敞开了心灵。"

其他推荐：《寂静人生》《入殓师》。

第七部，《血战钢锯岭》

这一部我们聊信仰。

你见过不想杀人、只想救人的战士么？在看这部电影之前，我也没见过。影片改编自"二战"上等兵军医戴斯蒙德·道斯的真实经历，讲述他拒绝携带武器上战场，并在冲绳战役中赤手空拳救下75位战友的传奇故事。《围炉夜话》有云："肯救人坑坎中便是活菩萨，能脱身牢笼外便是大英雄。"戴斯蒙德在枪林弹雨之中救了75位战友，他是西方版的观音菩萨。他坚守自己的信仰——不杀人，只救人。他对生命的尊重与呵护，让我看到了战争中的人性之光。

经典场景：戴斯蒙德一边救人一边说："上帝呀，求求你，帮我多救一个。"

经典台词："如果我不坚持自己的信仰，我不知道该如何活下去。""当整个世界分崩离析，我只想一点一点把它拼凑回来，这总归不是什么坏事。"

其他推荐：《集结号》《长津湖》。

第八部，《至暗时刻》

这一部我们聊坚持。

德军空袭英国的那些日子里，伦敦上空有两种声音，一种是德军轰炸机挟带死亡之兆的轰鸣声，一种是年逾花甲的丘吉尔慷慨激昂的演讲声。当敌军狂轰滥炸，当国内暗流涌动，在这人生的至暗时刻，也只能用左手温暖自己的右手。所幸，丘吉尔坚持了下来，赢得了战争，亦推动了历史。坚持，尤其是绝对逆境中的坚持，是多么可贵且可敬的一种品质啊。

经典场景：丘吉尔以"V"形手势指向天空。

经典台词："我们将战斗到底。我们将在法国作战，我们将在海洋中作战，我们将以越来越大的信心和越来越强的力量在空中作战，我们将不惜一切代价保卫本土，我们将在海滩作战，我们将在敌人的登陆点作战，我们将在田野和街头作战，我们将在山区作战。我们绝不投降！"

其他推荐：《肖申克的救赎》《当幸福来敲门》。

第九部，《赛德克·巴莱》

这一部我们聊尊严。

在险恶的日本占据时代，台湾赛德克人被迫失去自己的文化信仰，男人须服劳役不得狩猎、女人帮佣不能编织彩衣，骁勇善战的头领莫那鲁道忍辱负重，只为寻找机会为民族尊严强力反击。他们蹈死不顾，斩太阳旗，走彩虹桥，谱写了一部壮烈的英雄史诗。我是在一个深夜观摩的这部由史实改编而来的电影，看完后，心里又难受又激动。明知必死，依旧慷慨奔赴，"尊严"二字于我而言，从此有了千钧的分量。

经典场景：英雄莫那鲁道带领众人走上见证他们尊严与光荣的彩虹桥。

经典台词："如果你的文明是叫我们卑躬屈膝，那我就带着你们看见野蛮的骄傲。"

其他推荐：《勇敢的心》。

第十部，《双旗镇刀客》

最后一部我们聊勇气。

马贼一刀仙杀人从来不用第二刀，但少年孩哥却偏偏杀了一刀仙的兄弟。一刀仙要来寻仇，而所谓的大游侠沙里飞，虽把助拳的承诺说得震天响，关键时刻却不见人影。一个又一个的无辜村民倒在了一刀仙的刀下，血染黄沙。少年孩哥当何去何从？鲍勃·迪伦在《答案在风中飘扬》中唱道："一个男人要走多少路，才可以被称为男子汉？"我不知道要走多少路，但我知道如果没有勇气，就一定不会成为男子汉。孩哥整部电影只出刀三次，第一次是为了证明自己，第二次是为了保护未婚妻，第三次是为了惩奸除恶。试问，这位初入江湖的少年哪一次出刀不需要勇气？

经典场景：决战之后，一刀仙解下黑头巾问孩哥："你跟谁学的刀法？"然后微笑点头，在慑人的鼓点中往回一步步走，直到颓然倒地。

经典台词："别动她！"

其他推荐：《七武士》。

值得一看的好电影实在太多了，但既然是推荐给中学生，就要考虑他们这个年龄段的接受程度。我们需要了解祖辈、父辈，更需要经营和塑造自己。这是我这期推荐的一个基本思想。可以在贫贱中生存，可以在平凡中超越，心怀天下，自强不息，信仰与尊严兼备，坚持与勇气护航，有爱的能力，亦有被爱的资格，了解生死悲欢，不舍热血满腔。

推荐的好几部电影都是真人真事，我也比较偏爱这些由真人真事改编而成的电影。看好电影最大的好处在于可以给你的人生提供某种极具意义的借鉴。但无论如何借鉴，我们的路，还得我们自己去走。人生如戏，有人演成了喜剧，有人演成了悲剧；有人演成了平民故事，有人演成了英雄史诗。但无论是哪一种，请记住，你都是你自己人生大戏的绝对主角。

愿你用心去演，愿你无悔此生。

2021-10-11

不妨做这样的高富帅

"高富帅",是这些年的流行词汇,指的是人在身材、财富和相貌上完美无缺,这样的人应该就是人们口中的"男神"了吧。这个标准确实不错,但不容易达到。尤其相貌这一条,父母基因占了很大因素。我有个容易一些的标准,大伙儿可以够够试试。

高在品位。品位指的是个人的品质和趣味。比如在生活上优雅精致,在学习上踏实细心,在艺术上善于发现美,等等。总之,可以把日子过成诗。哪怕每日面对着柴米油盐酱醋茶,也不去割舍琴棋书画诗酒花。海德格尔说:"充满劳绩,然而人,诗意地栖居在大地上。"与《源氏物语》并称日本文学双璧的《枕草子》中最常见的一个词是"有意思",这个词在书中出现了四百多次。花开花谢,日升日落,云卷云舒,风起风停,在作者清少纳言那里,这一切皆有意思。比如:"春天,是破晓时分最好。山顶渐渐变白,天色敞亮,一抹淡紫色的云彩横飘在空中。夏天,是夜晚最好。月夜当然不必说了。即使是暗夜,看萤火虫乱飞,也很有意思。"再比如:"雪也并不是积得很高,只是薄薄地积着,那时节真是最有意思。又或者是雪下了很大，积得很深的傍晚，在廊下近边，同了两三个意气相投的人，围绕着火盆说话。其时天已暗了，室内却也不点灯，只靠了外面的雪光，（隔着帘子）照见全是雪白的，用火筷画着灰消遣，互相讲说那些可感动的和有风趣的事情，觉得是很有意思。"

有意思的眼睛，看啥都有意思；没意思的眼睛，看啥都没意思。高在品位。

富在学识。学识即学养与见识。家财万贯不如诗书千卷，学富五车方能神驰九州。孔子所言益者三友中的一条是"友多闻"，也就是懂得多的意思。有的人是行走的百科全书，有的人却只会说"俺也一样"。

三国时期，东吴派一位学识渊博但为人傲慢的使臣——张温出使蜀国，宴会之上，张温恃才傲物，出言不逊，提出了一系列古怪至极的问题。没想到，蜀国的学士秦宓旁征博引，见招拆招。我们来见识一下学识渊博的人有多酷。

张温问："天有头吗？"

秦宓答："有的。"

张温问："在哪里呢？"

秦宓答："在西方。诗云：'乃眷西顾。'所以推断头在西方。"

张温问："天有耳吗？"

秦宓答："有的。天处高而听卑，诗云：'鹤鸣于九皋，声闻于天。'若没有耳朵，怎么听呢？"

张温问："天有脚吗？"

秦宓答："有的。诗云：'天步艰难，之子不犹。'如果没有脚，怎么走呢？"

张温见秦宓对《诗经》如此精熟，对答如流，就问了一个刁钻的。

张温问:"天有姓吗?"

秦宓应声答道:"有的。"

张温追问:"姓什么?"

秦宓答:"姓刘。"

张温问:"你怎么知道姓刘?"

秦宓不再引用《诗经》,他从容答道:"因为天子姓刘呀,所以知道上天姓刘。"不卑不亢,既回答了问题,又明确了自家的正统身份。张温大为敬服,再不敢傲慢。

知识就是力量,真的是这样啊。富在学识。

帅在修养。修养即为人处世的正确态度。修养体现在很多方面,但我觉得最重要的是尊重、大度和体贴。

修养是尊重。

阿尔倍托和妻子维多利亚女王感情和谐,仍也有不愉快的时候,原因就在于妻子是女王。有一天晚上,皇宫举行盛大宴会,女王忙于接见贵族王公,却把她的丈夫冷落在一边。丈夫很是生气,就悄悄回到卧室去了。不久,有人敲门,丈夫很冷静地问:"谁?"敲门的人昂然答道:"我是女王。"门没有开,房间里没有一点动静。女王离开了,但她走了一半,又回过头,再去敲门。丈夫又问:"谁?"女王和气地说:"维多利亚。"可是门依然紧闭,维多利亚气极了,想不到以英国女王之尊,竟然还敲不开一扇门。她带着愤愤的心情走开了,可走了一半,想想还是要回去,于是又重新敲门。丈夫仍然冷静地问:"谁?"女王委婉温和地说:"你的妻子。"这一次,门开了。

修养是大度。

清朝康熙年间,桐城人张英官至文华殿大学士兼礼部尚书,邻居是是张英同朝供职的叶侍郎,两家因院墙发生纠纷。张老夫人修书送张英。张英见信深感忧虑,回复老夫人:"千里家书只为墙,让人三尺又何妨？万里长城今犹在，不见当年秦始皇。"于是，张老夫人令家丁后退三尺筑墙。叶府很受感动，命家人也把院墙后移三尺。从此，张、叶两府消除隔阂，成通家之谊。这条巷子便是有名的"六尺巷"。

修养是体贴。

有一次，列宁下楼，在楼梯狭窄的过道上，正碰见一个女工端着一盆水上楼。那女工一看是列宁，就要给列宁让路，准备自己退回去。列宁阻止她说："不必这样，你端着东西走了半截，而我现在空着手，请你先过去吧！"他把"请"字说得很响亮、很亲切，然后自己紧靠着墙，让女工上楼了。

以上例子都是一些大人物，其实从生活中的小事更能看出一个人的修养如何。如果有这样一个人，他在跟小孩子说话时，会尽量蹲下。在公共场合拉椅子时，把椅子抬起，而不是直接拖动弄出很大的响声。用完椅子，他会轻轻把椅子放回原位。他和女性（包括自己的妈妈）走在一起的时候，会主动走在靠近车道的一侧。他会尽量接过路上兼职人员发的传单。如果有特殊原因不能接受，也会报以微笑，表示不需要。上菜时他会对服务员说声谢谢。进出公寓和公共场合的大门，他会帮别人扶住门，方便他们进出，尤其那些带小孩儿的和手里拿着东西的路人。 推门、按电梯门时，他会让别人先出去。 给你打完电话，一定等你挂断后再挂断。他吃饭不吧唧嘴、不翻菜、不剩米粒。他擦桌子的时候，会往自己的方向抹。他遛狗的时候一定牵绳，并随时打扫宠物的排泄物。他绝不会说脏话。在公共场所，他会特别注意自己说话的声音或动作有没有影响到别人。公共场合洗完手后他从不随意甩手，防止水溅到别人身上。别人给他倒水时，他习惯性地双手扶住杯壁，以示礼貌。在下雨天开车经过骑行者或步行者时，他会减慢车速。开车载你前，他会用手扶住车门上方，以防止你不小心碰到头。

请告诉我，这样的人，是不是很帅？帅在修养。

高在品位，灵魂有趣；富在学识，头脑充盈；帅在修养，风度翩然。不妨做这样的高富帅。

2021-09-15

习惯复盘

复盘，是围棋术语，也称"复局"，指对局完毕后，复演该盘棋的记录，以检查对局中招法的优劣与得失关键。一般用以自学，或请高手给予指导分析。围棋棋手在训练的大多数时间里并不是我们以为的与人搏杀，而是复盘。

下围棋的高手都有复盘的习惯，或者说没有此等习惯的棋手很难成为高手。韩国围棋国手李昌镐便是复盘这件事的忠实践行者。他的围棋风格十分务实，那就是"与其多处妙手，不如减少失误"。有时他都已经中局屠龙成功了，但他还是会复盘、再复盘。好事者问他在反思什么，他说虽然自己是大胜，但通过复盘还是能发现自己的一些失误之处，不然赢得可能会更快一些。你说气人不气人？跟李昌镐对弈的棋手都特别头疼他这一点。只要你有一点儿失误，李昌镐就会立刻抓住战机，而在一目甚至只有半目的优势下，他也不会急于进攻，而是与对手打消耗战，并且保证自己不失误。很多棋手被他磨得极其难受，想摆脱困境，而越是如此，就越是容易失误，然后输得更惨。而那些没有再失误的棋手，最后也会因一目或半目之差输掉比赛。

世界上最痛苦的死法原来是明知必死，却又无可奈何。

李昌镐习惯复盘，终成围棋国手；曾国藩习惯复盘，铸就不朽人生。

可以说，曾国藩是个资质相当平庸的人，与同为晚清四大名臣的李鸿章、左宗棠、张之洞相比，他最笨。光秀才就屡次不得第，这个屡次是几次呢？六次。尤其是第六次的时候，他的考卷还被官方列为反面教材，被斥为文理不通，希望其余考生引以为戒。曾国藩当然也痛苦，也感到羞耻，但他痛定思痛，仔细剖析自己，最后他分析出，虽然自己基础扎实，但是文字欠灵活，文章过于拘谨，导致文章文理不通，缺乏打动人的地方。他想到的办法是在文章的大局观和整体气势上下功夫，使得文章变得生动灵活、能打动人。一年之后，他中了秀才，并连续考中举人、进士，一时间名震湘乡，成为湖南人的骄傲。

如果没有那次深刻的自我复盘，就不会有后来的曾国藩。

复盘就是自我剖析，然后寻求改进和提升的点，以求突破。想提升棋力，需要复盘；想科举过关，需要复盘；想学习进步，同样需要复盘。

复盘要静心，这是前提，沉心静气，莫让心绪浮躁。

复盘最好在安静独处的时候，静坐观心，当然也可以静卧观心，比如晚上躺在床上的时候，就可以复盘一天所学。能在头脑里将当天各科的知识点绘成思维导图最佳。绘不出思维导图，能想起一天下来自己掌握的硬核知识点也可以。若头脑里一片空白，就需要提高课堂专注度了。

复盘要细心，这是关键，抽丝剥茧，切勿错过细节。

筛子的孔越小，越能使所筛之物干净。细心复盘，筛出所有问题，不留死角，绝不允许自己在同样的地方摔倒第二次。到底是审题的问题，还是计算的问题？到底是不够规范的问题，还是术语不严谨的问题？到底是卷面的问题，还是时间分配的问题？诸如此类，想，就想个清清楚楚明明白白真真切切。

复盘要狠心，这是保证，反躬自省，不对自己留情。

王阳明说："擒山中贼易，擒心中贼难。"所谓自我剖析，当然是先剖而后析，没有为自己开刀的决心与勇气，是无法高质量复盘的。不敢大胆复盘的人类似于不敢去体检的人，怕检出这高那高，影响心情。这种逃避型心态除了延误病情外，没有什么实际意义。手术刀向内，该检查检查，该切除切除，切除了就健康了。就像鸡蛋，内力打破是生命，外力打破就只能做食物。

复盘时分析自己，也可分析对手。这样可使复盘的意义最大化。

分析对手至少有两个好处。

第一，知己知彼，百战不殆。兵法有云：善攻者，攻其所不守也。

第二，取长补短，借力打力。自己内功一般，那就吸取对手的内力。

静心开始，细心分析，狠心纠错。反思自己，研究对手，更上层楼。既能减少低错，又能整合资源；既能瞄准目标，又能提高效率；既能培养理性思维，又能增强道路自信。

《大学》上说："苟日新，日日新，又日新。"复盘，就是在超越自己，就是在自我更新。今天你复盘了么？

2021-09-23

人生几何

"人生天地间,忽如远行客。"这短暂的一生,该如何度过?

在人生最灿烂的年华,能找到想用一生去做的事,无疑是幸福的。就像科学家钱学森、农学家袁隆平、医学家屠呦呦、作家莫言、表演艺术家于是之,等等。他们都把自己最想做的事做成了事业。

但更多的人一生也没有找到自己最想做的事,只能在命运的波涛中浮沉,在人世的坎坷中辗转,一无所依,一无所获。如尼采所说:"许多人浪费了整整一生,去等待符合他们心愿的机会。"

人呀,你到底想要什么?

有弟子问过我,能不能走别的路,非得走求学这条路么?类似的桥段在我参演的微电影《青春的模样》中出现过。我跟这个孩子说,当今社会比古代社会的机会要多得多,参加选秀可以出名,自录视频可以带货,做个微商也能发家,买个彩票也能中奖。但这些都不如上学求知来得更稳妥,来得更有意义。

为何更稳妥?因为上学求知是最省力的自我升值杠杆。参加选秀,不出名的比出名的更多；自录视频，没法带货的比带货的更多；做个微商，不能发家的比能发家的更多；买个彩票，不能中奖的比能中奖的更多。上学求知则不然，只要你掌握了一身本领，总能找到自己的用武之地。

为何更有意义？一来，上学所学的知识，为人处世的智慧，看待世界的方法会让你受益终身；二来，上学才会有同学，而且你是什么层次也基本决定了你同学的层次，也就是你朋友圈的层次。何况就算你没上大学，但你想做的任何事也离不开文化知识的支撑，该补课还得补课。黑格尔说："无知者是最不自由的，因为他们面对的是一个完全黑暗的世界。"虽然夸张了些，但道理是对的。

上学求知是每个青年人最应该做的事。袁隆平、屠呦呦等可以成就自己的事业，学生，则应成就自己的学业。

努力学习是本分。工人做工，农民务农，医者行医，军人为国，学生，当然就要学习。

刻苦学习是骨气。谁都不想苦一辈子，但谁都不应该拒绝苦一阵子。何况学习是辛苦的而非痛苦的，因为越学习我们就越丰富、越强大。如果所谓快乐学习是放纵天性、不愿吃苦，那这种快乐无疑是肤浅的。刻苦学习的人是有骨气的人。

懒于学习是怠政。三天打鱼，两天晒网，习惯躺平，举动佛系。能得过就且过，能凑合就凑合，想应付就应付，想拖延就拖延，这跟怠政没有区别。

不愿学习是渎职。犬守夜，鸡司晨，人不学，何为人？万事万物都有自己的职守，如果拒绝自己的职守，就是不作为，就是渎职。

"对酒当歌，人生几何？"曹操发出此等感慨是在南征孙吴以实现一统的路上。人生太短了，赶紧去做自己该做的事吧。红尘做伴，可能无法活得潇潇洒洒；策马奔腾，也可能无法共享人世繁华。但对酒当

| 人生几何 |

歌，可以唱出心中喜悦；轰轰烈烈，亦能把握青春年华。

人生几何？来日无多。征帆拉满，劈浪斩波！

2021-09-30

断 舍 离

有一天，苏格拉底在古希腊雅典的街头闲逛，面对琳琅满目的商品，他非常感慨地说："原来我不需要的东西有这么多啊！"

我们很多时候为什么觉得疲惫而痛苦？就是因为我们对那些自己需要与不需要的东西都想一把拿过来。越拿越多，直到崩溃。就像柳宗元笔下的那个逢物即背最终不堪重负倒毙于路途的可怜虫。

做生活的极简主义者，你简单，世界就对你简单。如何做到极简？断舍离。

断什么？断绝杂念。

寒山和尚写道："一住寒山万事休，更无杂念挂心头。"高僧寒山是通过与世无争的方式去除杂念，我们凡夫俗子该怎么办呢？其实也很简单。你先搞懂自己到底想要什么？认准了就不去想别的。比如上学，你就是想通过这条路抵达你的光荣梦想，那就不要再去疑虑上学到底有没有用。再比如你知道每天睡前复盘一日所学这个方法特别好，那就不要再去想是不是不复盘也不会影响成绩。还有你知道读书这个习惯会让你受益终生，那就不要去想不读书是不是也能从别的途径获取信息。一边做着一件事，一边又怀疑这件事的可行性，这就叫自我消耗，自我消耗的人很难成功。当断不断，必受其乱。

舍什么？舍弃累赘。

我经常跟弟子们说每次周日晚上班会课之前，你一定要把本周没有整理完的试卷果断扔掉，因为下周还有下周的试卷。你堆着这些累赘，非但没时间整理，还会影响心情。书桌越清爽越好，无论是试卷还是文具。桌子上的笔越少越好，够用即可。放满满一笔筒的笔除了增加寻找想用的笔的时间和偶尔碰翻而去捡笔的时间之外，没有任何意义。舍弃累赘，才能使心情放松。当舍不舍，疲惫不堪。

离什么？离开诱惑。

需要什么？不需要什么？心里应该是有数的。以换手机为例，任何品牌的手机，本来功能都已经很全了，而且很多功能你一辈子都用不到，但商家还是会频繁地更新换代，你不换手机，就显得落伍。这当然是商家的促销手段，但很多人都会心甘情愿地中招，一年换一部手机甚至更频繁。其实无论是更新换代的商品还是降价处理的商品，只要对你没用，就算对方是挥泪吐血跳楼大甩卖，你花了一块钱也是在浪费钱。学习也是如此。手机确实好玩儿，但沉迷它，既伤视力，又伤士气。作弊确实省劲儿，但如此走捷径，既违背规则，又丧了人品。当离不离，如在迷途。

当断则断，当舍则舍，当离则离。习惯断舍离，有利于提升我们的自我省察能力和选择能力。因为只有我们持有的物品越少，我们才越容易作出选择。戴一块手表我们知道几点，戴两块时间不一致的手表，我们就不知道是几点了。断舍离是在用为人生做减法的方式为人生增值。

人生太短了，断绝杂念，赋予自己认准的事以意义；舍弃累赘，保持自身的简单与清爽；离开诱惑，守住为人为学的根本。当你足够简单并足够睿智的时候，你会发现：世上本无事，庸人自扰之。

一屋、两人、三餐、四季，如此质朴，又如此诗意。

商品，可以琳琅满目；人生，还是要简简单单。

2021-10-04

拷问灵魂

我们都很难容忍别人鄙视我们,更很难做到自己鄙视自己。但黎巴嫩诗人纪伯伦却有七次鄙视了自己的灵魂。

他这样写道:

第一次,是当我看到她本可进取,却故作谦卑时。

第二次,是当我看到她在瘸子面前跛行而过时。

第三次,是当她在难易之间,却选择了容易时。

第四次,是当她犯了错,却借由别人也会犯错来宽慰自己时。

第五次,是当她因为软弱而忍让,却声称为自己的坚韧时。

第六次,是当她鄙夷一张丑恶的嘴脸,却不知那正是自己面具中的一副时。

第七次,是当她吟唱圣歌,却自诩为一种美德时。

我们来简单分析一下:第一次是因为不进取,也就是不努力;第二次是因为嘲笑身体有缺陷的人,缺乏同理心和共情力;第三次是因为不敢挑战困难,贪图安逸;第四次是因为不愿正视自己的错误,且诉诸公众；第五次是因为软弱且粉饰自己；第六次是因为缺乏自知之明，活成了自己所讨厌的那种人；第七次是因为做了一件分内的事却标榜自己。由此我们可以得出纪伯伦推崇的七种让灵魂闪光的生活态度。那就是积极进取、同情弱者、迎难而上、勇于自省、自强不息、美丽高贵以及活出精彩。简单来说纪伯伦推崇的是坚强有力、努力自我超越的勇者和心怀悲悯、灵魂美丽高贵的仁者。勇者偏重于个人意义上的奋斗意识，仁者则偏重于社会意义上的博爱情怀。既自强不息，又厚德载物，正是《周易》中乾坤天地给我们的启示。

勇者有披荆斩棘的豪气，仁者有众生皆苦的柔情。

勇者将梦想之旗扬到最高，仁者将护佑之翼展到最大。

勇者提升生命的硬度，仁者提升生命的温度。

勇者推动历史，仁者慰藉世界。

勇者刚，仁者柔；刚柔并济，侠骨柔肠。

审视自己：我们是坚强有力、努力自我超越的勇者么？是不是还在躲闪，还在退避，还在随波逐流，还在自欺欺人？

关汉卿说："我是个蒸不烂煮不熟捶不扁炒不爆响当当一粒铜豌豆。"

审视自己：我们是心怀悲悯、灵魂美丽高贵的仁者么？是不是还在冷漠，还在无视，还在无动于衷，还在袖手旁观？

纪伯伦说："伟大的人都有两颗心，一颗心流泪，一颗心包容。"

向前去，不苟且，双脚有力，目光坚定，襟怀宽广，心念苍生。

让我们保持拷问自己灵魂的习惯，不怕惊出一身冷汗，就怕活了一辈子，却只落了个浑浑噩噩、碌碌庸庸。

2021-10-12

青春梦一场，相聚的时光
——给 2010 届毕业生的最后一讲

前　　言

孟子曰："君子有三乐，而王天下不与存焉。父母俱存，兄弟无故，一乐也；仰不愧于天，俯不怍于人，二乐也；得天下英才而教育之，三乐也。"孟子所说的"君子三乐"指的是这样的三种人生乐趣：父母都健在，兄弟也都没什么灾病事故，从而得以躬行孝悌，这是第一乐；为人处世合乎道义，上不愧对于天，下不羞对于人，对得起自己的良心，因而获得内心的安宁，这是第二乐；第三乐是君子传道、育人所获得的快乐，即能得到天下的优秀人才并对他们进行教育，从而使君子之道遍传天下、造福社会。这三种乐趣是亚圣孟子的追求，也是我——一个普通人民教师的追求。

八年前，我踏入大学校园，立志毕业后成为一名优秀的语文教师。四年前，我来到这里，开始我得天下英才而教育之的梦想之旅。四年来，我见识了悲欢离合，品尝了苦辣酸甜。从一个初出茅庐的小子变成了今天这样一个基本能算得上成熟的青年。谁能无缘无故地走向成熟呢？成熟原本就是用五分经历、三分见识和两分感悟浇灌出来的花朵。

四年来，我见识了很多，经历了很多，也想了很多。四季轮回，花开花落，多少人在我生命中来了又还，多少事在我天空里逝去如烟，但不变的是我对中国文化的热爱和对教育事业的忠诚。

关于中国文化

中国文化博大精深，语文是我们的国文，汉语是我们的母语。我一直执着地认为语文是有趣的，语文是有魅力的。我们身为华夏儿女和龙的传人是幸福的也是幸运的。屈原不能赏析李白的《将进酒》，李白无法吟诵苏轼的《念奴娇》，苏轼看不到关汉卿的《窦娥冤》，关汉卿听不到王实甫的《西厢记》，王实甫无缘曹雪芹的《红楼梦》，曹雪芹没法子研究鲁迅的《阿Q正传》，鲁迅不能点评钱钟书的《围城》，钱钟书没有见过路遥的《平凡的世界》。而今天的我们却都能去吟诵，去歌唱，去赏析，去感叹。高中语文背诵量大，实在是因为我们祖先为我们留下来的好东西太多太多，这有什么办法呢？除了感恩，除了继承并努力创新，我们还能做些什么呢？

正是因为中国文化的博大，教语文也就成了一项神圣而艰巨的使命。四年来，我一直坚持寓教于乐的思想，把知识性、人文性和趣味性有机结合起来，其实无非是为了通过我的课让大家爱上语文、爱上文学、爱我们的国家和民族，并为自己身为一个中国人而感到自豪。

关于教育事业

魏书生老师说："当老师有三种最美的收获：一种是收获优秀的人才，一种是收获真挚的感情，一种是收获创造性的劳动成果。"我觉得他说得真的是对极了也好极了。

四年来，我培养出了两届毕业生，他们都是优秀的人才；四年来，我教过了八百多名学生，收获了真挚的感情；四年来，我的教学水平也有了很大的提高，收获了创造性的劳动成果。短短四年，我竟收获了这么多，这怎能不说是一种幸福呢？我愿意把我的幸福感通过我的课堂传递给我的学生们，让他们也幸福着去过每一天，直到他们离我而去。

有人说世上最好的工作就是既是自己喜欢的，又能挣到钱。喜欢是精神享受，挣到钱是物质满足。看来我已经拥有世上最好的工作了。我会尊重我的工作，并努力干好它。

爱是基础，严是责任，为了对付同学们的惰性，我和其他几位老师想尽各种办法激励（折磨）大家，让大家受够了苦。不过宝剑锋从磨砺出，梅花香自苦寒来。同学们，请相信苦尽甘来，相信自己，也相信未来。

关 于 高 考

我要赢得这场胜利，即使一切都不存在，

我要成为你的英雄，带着我的梦想你的喝彩。

十二年磨一剑，霜刃未曾试。花开六月，青春校园，一剑西来，天外飞仙。人易我易我不大意，人难我难我不畏难。秉持着这种心态，我相信接下来，必定是见证奇迹的时刻。

许巍唱道："青春的岁月我们身不由己，只因这胸中燃烧的梦想。"同学们一年来都承受了太多太多。无论胜败，你们都已经是强者。高考无疑是重要的，但它不是我们人生的全部。考得好只是先拔头筹，考不好也可以后发制人。老天生你这块料，是要你自己把它琢成器。天生我材必有用并不是一句只用作考试的话，它应该永远镌刻在在座的每一个人梦想的天空。

同学们，让我看到你们自信灿烂的笑容，请保持这样的笑容。再过十年二十年三十年，当有一天，在人流如织的街头，你走到我面前，凭你脸上的自信与微笑，我会第一时间辨认出你是我的学生。

关 于 分 别

人生悲欢，缘分不同，你拥有你的来时去时路，我若同行，命运如何？

聚散离合，谁能预测，别追问今昔可有旧时梦，烟雨中，心迷蒙。

突然恨透这个世界，因为要离别。可是，人总是要离别的，因为离别了这些人，才能遇见那些人。人生也因为有了这如许多的遇见而丰富多彩。就像坐公交车，有人上车，就有人下车，绝大部分人一辈子也只是见到了这个世上一小部分的乘客，能够同行一程，已是莫大的缘分与造化。所以我们能做的，只有珍惜。

珍惜青春梦一场，珍惜相聚的时光。把这一年的故事装入行囊，风干。等老了，就拿出来下酒。

结 束 语

同学们，经历了高考，你们会更加成熟，未来的人生路还很长，同学们要自信，要勇敢，要坚强。要让自己具备良好的团队协作意识和积极进取的人生态度。不要忘了你肩头肩负的三个责任——让自己的父母安享晚年，让自己的孩子受到良好的教育，让自己的另一半获得幸福。加油，同学们，我爱你们！

2010-06-06

| 记忆的白鸽 |

记忆的白鸽
——给 2011 届毕业生的最后一讲

一

"前望愁云惨淡，回首惘然若失。"这句话是在大家初入高三时我送给大家的。大家回首一下这一年，是不是这种感受？

其实不仅这句话，世上很多事，不亲身经历一下，空洞的说教是不会起多大作用的。人生就是一次次尝试，在尝试中总结经验、吸取教训。只有在时间的流逝洗涤里，在生活的磨炼启示下，你才能真正走向成熟。

所以说，成熟的人，肯定是有故事的人。

那么，我想，这一年的故事，肯定会装入你的行囊；这一年的故事，肯定能促进你的成长。因为它太沉重，太紧张，太刺激，高潮迭起，悬念不断……在你那里，它不会输给任何一部大片，因为，这个故事的主角是你。还有什么比自己的故事更能让你感慨万分呢？

一年的时间里，你居然能每天五点多就起床，居然能盹都没醒就把班训喊得震天响，居然做了那么多张试卷，居然写满了几个本子的笔记，居然在课前（尤其是文科课前）让自己那么疯狂地背诵，居然能在这么多次考试的轮番轰炸下虽遍体鳞伤却从不倒下，居然三两分钟就能洗个头，居然八九分钟就能吃顿饭，居然匆匆梳洗丝毫不想自己本有偶像派的潜质，居然来去如风丝毫不顾虑自己也曾想做个淑女。居然，居然已经居然得忘了"居然"是什么意思。

能做到这么多，老天再不让你成功，那老天也太不够哥们儿了，你说是不是？

二

三百个日子就像三百只白鸽，从我的天空里一只只飞向远方。抬头望去，它们的背影是那样翩跹美妙，它们都没有回头。但，一地毛羽留了下来，这些毛羽就是我这一年记忆的碎片，我要把它们放入我记忆的相册里，永远珍藏。

记得给大家上第一个早读课的时候，我讲了孔子几个弟子的故事；记得一轮复习开古文的时候我让大家翻译《施氏食狮史》；记得开古诗鉴赏时，我让大家听了慷慨激昂的《满江红》和幽怨缠绵的《月满西楼》；记得为了让大家巩固散文的答题技巧，我为大家翻唱了宋祖英的《望月》。

推荐的美文后我粗浅的感悟已渐行渐远，黑板两侧的名人名言终于要擦去了，课前一支歌已经成了过往，一段段绕口令也已随风飘扬，作文背面不用再写那重复再三的"84真言"，各科作业也终于要冲你挥手轻轻说再见。

那因为搞小动作而挨批的小伙儿，相信，你"饱经忧患"的双肩现在已变得健壮；那因为没完成作业而被教育的姑娘，相信，你"欲哭无泪"的脸庞现在已变得坚强。

白鸽飞翔，飞向深邃的时光隧道。不知道哪一天，它们会突然来访。

三

我这个老男孩儿，一直践行着我高三之初所说的"严管深爱，琢玉成器"的教育理念。有人被我管得叫苦不迭，却又无处遁逃。但我不后悔，因为我知道，一块顽铁必须经过冰火两重天的锻造冷却才能成钢。我的柔情你可能永远不懂，但是我真心地希望你过得比我好。

高考很重要，但它只是人生的一次尝试而已。考好了当然高兴，考不好也可以从头再来，赢在明天。上了大学，千万不要随波逐流，荒废时光。多读读书，多参加参加社会实践，只有这样，你才能拥有一双能助你直上青云的翅膀。

如果你将来是政府官员，我希望你能为官一任，造福一方；如果你将来是企业家，我希望你能诚信经营，回馈社会；如果你将来是医生，我希望你能才德兼备，救死扶伤；如果你将来是老师，我希望你能青出于蓝，爱学生也能得到学生们的爱；如果你将来成了一名作家，那么一定不要忘了把你写的书送一本给我；如果你将来只是一个普通的公司职员，我希望你扎扎实实地工作并从不放弃自己的梦想。

我希望我的学生都能自尊自爱、自信自强地活在这个竞争日益残酷的世上，我希望我的学生在这样一个物欲横流的社会也能保持自己心灵的花园不荒凉，我希望我的学生都能做到不让爱自己的人伤心失望，我希望我的学生无论未来的路会怎样都满怀希望。我希望，我希望我的学生能把我对他们说的这些也许有些絮叨却发自肺腑的话对更多的人去讲。

四

岁月如风，白鸽飞翔。三百个日子，就这样过去了，后面的日子还等着你去充实、去体验。我不想说太多离别时的伤感之词，曾经拥有，已经让我感恩一生。

　　孩子们，这就是我的最后一讲，祝你们成功，祝你们收获幸福！

2011-06-04

人流如织

那天上午,姚坤发短信过来说要来看我,短信一接,记忆的火星瞬间燃成火海。

姚坤是我的第一拨学生,是受我影响在博客圈中坚持最久的几个学生之一,回头一想,已是五年不见了。问她和谁在一起,她说是旭霞和萧祎。旭霞,嗯,是那个说话腼腆的高个子女生。萧祎,当然是那个个子不高、长得像个洋娃娃、阳光开朗的女孩子。我原本打算开车去看她们,而且跟姚坤也说好了,结果学校里诸事缠身,只得发短信跟姚坤说过不去了,而且半个小时后又要去参加一个彩排。姚坤回短信说我们这就过去,见一面就走。

下午三点三十五分,手机响了,我一看号码就朝门口跑。老远就看到了高高的旭霞,矮矮的萧祎,还有,是姚坤吗?已经留起了披肩发。不过,不是她又有谁会有那么明亮的眼睛?

旭霞当初也是短发,现在也是披着离子烫的瀑布;萧祎梳着小辫子,还是那么可爱;变化最大也最不大的是姚坤,完全是个大姑娘了,但智慧从容的面庞依旧。

她们给我的女儿朴卿拿来了礼物，我照单全收，一句推辞的话都没说。她们都上班了，给小师妹买礼物是当然的，我乐呵呵地打开后备厢，把礼物一件件放进去，觉得车厢里都是满满的幸福感。不知为什么，接到她们三个的礼物时，我产生了一种父亲看到女儿来看望自己时才有的感觉。

姚坤的工作很好，工资水平很高，我曾跟她说过像她这样又智慧又从容的孩子就应该过上最好的生活。她做到了。萧祎也干得不错，重要的是她乐观开朗的性格没变，这样的性格足可以铸就一个幸福的人生。旭霞在考雅思，然后就要出国了。她们都是大姑娘了，其实有不少学生已经结婚了。在我的记忆里和梦里，她们还是当初那青涩的模样，可是自己分明已是一个一年级小朋友的爸爸了。她们，又怎么可能不长大呢？

萧祎说老师你更帅了，旭霞说老师你还是那么年轻。姚坤说郭洪汝跟我们谈起您来着，说您那会儿因为他听写错了一个不该错的就在教室里踢他，不过他现在只有感激。我说洪汝在干什么，她说在检察院。萧祎说老师您教我们时曾说过，一个人只要能站在与自己能力相匹配的位置上，就可以无怨无悔，这句话我一直记得。

说着说着，看看表，时间已经不允许再往下聊了。她们说老师去忙吧，我们走了。我跟她们一一击过掌，然后转身，跑着去彩排地点。中途我回过身来，她们三个还在原地看着我，我冲她们用力挥了挥手，眼泪差点儿流出来。

我还记得姚坤在学《纪念刘和珍君》的时候写下的那篇让我惊讶良久的随笔，还记得萧祎奶声奶气地把月牙儿眼一眯说老师好的情形，还记得旭霞在高二结束我去各个宿舍看谁还没回家时她跟我说的那句"魏老师教我们做事，而您教我们做人"。

人流如织

人流如织，人这一生能经历几个人，又能被几个人铭记呢？芥川龙之介在他的遗书中说他来过，爱过，感受过。他写下这些话的时候内心必然是自豪的啊。

茫茫人海中，就这样与你们相遇，没有早一步，也没有晚一步。我们一起写下春夏秋冬的故事，然后把它埋在心里的一个角落。你们曾各自奔天涯，我也曾挥手别故地。在人流如织的街头，在熙熙攘攘的人间，我们又这样重逢，那些故事顷刻间全部复活。其时其地，我只认识你们，你们也只认识我，我们对这个世界而言是这样微不足道，但我们却觉得自己是那样富有而又幸福。

彩排过程中，我心里一直有一股暖流在涌动，一起彩排的老师们不知道我嘴角的笑容源于何处。这个秘密只有我知道。

感谢你们，孩子。从未觉得自己的存在感这样强过。愿你们进步，祝你们幸福。

2014-01-14

与你同在
——写给2015届535班毕业生

教书九年,送毕业班五届,每一届毕业班都免不了要道别。今年,我没有。是因为习惯了分离,还是因为三十多岁的年龄不应再悲悲切切呢?

我是个感情动物,经常毫不掩饰地在学生面前表露出悲喜苦乐。我知道这样不好,太没有城府,不容易对学生产生威慑力。读过一些史书,也明了机巧权谋,可就是无法学以致用,那就如此这般吧。生活已够沉重,何必为难自己。

每天开车往返于家与学校之间,肩担日月,头顶寒星。车子是个好东西,它可以帮我隔开外面的风霜雨雪、似火骄阳,却也将我与安居者的生活隔开。车子内外,真的是两个世界。

好几次看到衡枣路和106国道的交叉口发生交通事故的惨烈现场,庆幸每日打着呵欠去学校和揉着渴睡的眼回家的我一年平安。有的时候看到大雨猛烈地砸在车窗上,与雨刷搏击;或看到狂风卷起沙尘,遮挡了视线，我努力把握着方向盘，觉得操纵的不是车子，而是我未知的命运。那一刻，觉得自己孤勇而又悲壮。

这就是生活，真实得不能再真实的生活。这就是事业，虽艰难其犹未悔。

昨天喊新带的583班的学生布置教室，就想起了去年和周全、赵冰一起布置535班教室的情形。教师，就是在一年又一年的重复中进行创造。只不过，学生永远是年轻的。

搬备课区位置的时候，翻出了很多份反思，翻出了李康乐的管理协议，也翻出了文昊宇的违纪通知单，还翻出了很多署名或未署名的小纸条。有鼓励，有建议，也有小秘密。我把它们都封存起来，明年再看，退休了再看，老得动不了了再看，肯定也是一种幸福吧。

从来没试过每天上课都用Word文档课前提问，没试过给宿舍长开这么多次会，没试过每天早上第一个到操场，没试过每堂班会都做成课件，没试过心灵配餐精细到分钟，没试过大年三十晚上给每个学生写新春寄语，没试过请发挥出色的学生吃火锅，没试过分别的时候不流泪。但这一年，我都试过了。

相信今后我还会碰到像王博、贺兴那么负责，像张昭那么淡定，像任露和若一那么爱笑，像志伟谈笑间搞定电脑那么厉害，像张源那么有想法，像赵昕、付聪和李梦那么坚强，像莹方和园园那么温婉，像杨艾那么乐于助人，像道武那么心怀远大，像周全那么可以托付，像……的学生。但是，他们永远不会是王博、贺兴、张昭、任露、若一他们了。这就是人生，我们遇到的每一个人都独一无二，我们的每一段经历都无法复制。

我还会在宿舍楼前大声地喊"……快点！"，但是那个笑着从我身边飞驰而过的身影，不会再是亚琛或刘妍了。

我家大门常打开，开放怀抱等你。拥抱过刚有了默契，你就离开这里。

前几天新学生还未返校，我来办公室拿东西，还是忍不住去看了看熟悉的535班的教室，早已人去楼空。我站在讲台上，把眼睛闭上，眼前，又是那些熟悉得不能再熟悉的面容。耳畔好像又响起了同学们为某个同学送上生日祝福时的掌声。眼睛睁开，阳光有些刺眼，刺得我眼生疼。我已三十四岁，女儿都已经八岁了，我不应该再为这种离别而流泪，那样太不成熟了。我微笑着带上门，经过后门的时候又忍不住朝里看了一眼，然后快步下楼。

前两天加入了学生群，孩子们谈的话题我根本插不上嘴，于是我退了出来。

是该说再见了，一直强忍着没说，现在是时候了。走吧孩子们，未来的世界已经为你们敞开大门。做好手中事，珍惜眼前人。尽人事，安天命。只要你是这么做的，并且愿意把自己这种为人做事的心得与更多人分享，我就与你同在。

想起了《好好学习天天向上》中的两句歌词："传奇里有笑，传奇里有闹。传奇里我们留下的记号。传奇里有累，传奇里有受罪，传奇里有我们手拉着手走向完美。"

孩子们，再见。

2015-06-15

视线的尽头
——写给2016届583班毕业生

请君试问东流水,别意与之谁短长。

——李白

前天,姚坤来看我。

姚坤是我2007年教高二时的学生,我仅教过她一年。2013年冬天,她和萧祎、旭霞来校门口找我。当时的感受我记录在了《人流如织》那篇文章当中。一转眼,两年多过去了。这一次,姚坤陪表哥家的孩子到武邑中学参加考试,孩子入场后,她跟我联系好,然后开车过来看我。

天气很热,她原想还是在校门口等,跟我说几句话就走。我说不行,日头这么毒,到家里等我,知道她到家了,我匆忙处理了一下手头的事儿,赶紧骑单车往家赶。

开门进屋,姚坤站了起来,长裙子,高跟鞋,化了淡妆。依然是明亮的眼睛,依然是温柔的声音,姚坤,已是27岁的大人了。

她还在沧州工作，做纪检。问她还动笔杆子吗，她说还动，不过公文比较多。她说曹德宝上了两年班然后又去读研，薛萌现在是新东方的培训老师，好几个同学都做了公务员，高亚楠和贾康伟这一对已经结婚。我说姚坤你结婚了吗，她笑了笑说谈着对象，但还没有结婚的打算。

沉默了几秒钟，姚坤看着我说："老师，现在学生毕业，还会那么难过吗？"

我说："要想把成绩带好，必须在师生间建立互信关系。而这种关系的建立，不投入情感是不可能的。还会难过，不过不会让自己难过时间那么久，毕竟，我已接了新的班级，只能全力以赴。"

姚坤冲我笑了笑，姚坤是真正懂我的学生之一，她的笑容中有理解，有怜惜，也有尊重。

但是孩子，既然你是懂我的学生之一，为何要问我这个问题啊？

从6月8日孩子们毕业，已是十几天过去，6月19日毕业典礼，因为我是主持人，所以我也只是匆匆地和583班的孩子们见了一面，中午的聚餐我没去，因为下午还要主持调度高二年级的开学典礼。我开着车从学校往回赶，心里想，开车往返的日子，要告一段落了。像交付了一份嘱托，也像放下了一份惦念。新高二，我用忙碌的生活驱赶着自己，也充实着自己，关于会不会难过这个话题，我一直都不愿去触摸。

2016年，有两件事让我警醒。一件是白发之滋生，让我明白时光之无情；一件是痛风之来袭，让我感受生命之脆弱。就在这无情与脆弱的窥伺下，我竭我所能送走了又一届学生。十年教学生涯，送了六届毕业班，不算多，却也不算少了。而对583班每一个孩子的祝福，每一位老师的感恩，每一位家长的敬佩，对583班一切的一切，尽在不言中。

6月8日学生们走后，主任组织班主任老师们外出聚餐，吃过饭，我又去临时自习室转了一圈,看孩子们是否遗漏了重要的物品。这次爬楼是值得的,因为我找到了王宏儒的档案袋。

自主复习之前,去检查自习室的设备如何,只有我一人;学生毕业后,再来检查自习室的情况,还是只有我一人。那一刻,我感觉自己像那间徒有四壁的自习室。真是"此中一分手,相顾怜无声",果然"天下伤心处,劳劳送客亭"。

昨天晚上,收到一个微信好友的请求,署名是丹儿,我问是谢晓丹么,对方说是赵丹,我这才想起。我说是不是那个满脸疙瘩的女生,对方说老师,幸亏我还有这个特征。赵丹结婚也已经一年半了。

人生总要接受一次次告别。不告别前面的人,又如何遇见后面的人呢?人生的站台不可能永远拥挤,不同方向的列车载着新上的乘客呼啸而过,卷起了尘土,却卷不走那沉甸甸的过往。

聚也匆匆,散也匆匆。人生无常,岁月无声。但相聚依然会欣喜,分散也依然会忧伤。那些凌乱的回忆,在时光的洗涤下渐渐化为灰烬。但不知在哪个时刻,因为一点儿印象的火星,就又会燃起熊熊火焰,灼烧在我虽然温厚却并不足够宽广的心田。

岳母炖好了排骨,但姚坤起身告辞。她说要赶回武邑,等有机会再来衡水。我说孩子,咱们合张影吧,下次再见,不知何时。她过来亲密地挨着我,我感到温暖,更多的却是惶惑。

送姚坤下楼,看她上车关好车门,看她发动车子,看她越走越远,看她终于消失在我视线的尽头。

2016-06-28

温暖相拥

2019年春节前后,很多学生到学校或家里来看我。

第一个是在武汉读大三的田昭鑫。

田昭鑫是我带的2016届583班的学生,她从南宫过来。家里不放心她一个女孩子坐车,是她爸爸开面包车送她来的。接到电话去门口接,我一开始没认出她来,因为已是两年半不见了。后来才知道那个略施粉黛、脚踩高跟鞋的女孩子就是她。我喊着"昭鑫"冲她紧走几步,她也喊着"老班儿"冲我紧走几步。走近了笑着张开双臂说:"老班儿,好久不见,抱一下!"

昭鑫的名字里有三个"金"字,所以相熟后我一直在她的语文积累本上喊她"多金"。这孩子高三下半年成绩不是很理想,常常一副郁郁寡欢的样子,所以我在她的积累本上就会有"多金加油!""多金开心些!"之类的批语。

到了办公室,坐下没聊几句,她就问我痛风是不是又犯了,我说没事儿。她说看到了我写的关于痛风复发的博文,她说她们学校有一位老医生专看痛风，要是有时间的话可以到武汉就医，她负责安排一切。聊了没几句，因为后面有课，只能匆匆作别。

这孩子上父亲的车前，又一次笑着张开双臂说："老班儿，抱一下。"说完眼眶已经微湿。

第二拨来看我的是李佳明、孟炜森和杨昱。

这三个孩子都是我带的2018届712班的学生，佳明和炜森都是我的课代表，佳明还是劳动委员。712班这一年，佳明任劳委兢兢业业，高三考试很多，每次考试前她都要花费不少时间布置考场和督导卫生，认真负责和顾全大局这一点特别像我带的583班的学习委员邬暖暖。最后邬暖暖考上了香港中文大学，而且获得了全额奖学金。李佳明则以三十多号的身份考取了712班的最高分，进入了北京师范大学。

看来为自己攒人品这件事是对的。

高考前不久的一天晚上，佳明和她们宿舍的另一名女生没有回宿舍（事后得知佳明在开导那个心理素质稍差的女同学），我在校园里到处找她们，但一无所获。我还记得当时我推开一个个教室或场馆的门大声喊"佳明"的场景，还记得自己查监控而不得的焦灼，记得自己在凌晨两点多终于找到这两个孩子时还没发火眼泪先掉下来的情景，当然也记得高考结束后佳明冲我深鞠一躬的一幕。高考成绩出来后，佳明妈妈给我发信息说佳明最怕的就是让我失望。

佳明，你怎会让我失望呢？你一直是我非常靠谱的劳委和课代表啊。

炜森笑起来时，他的眼睛基本上就看不到了。杨昱更惨，还没笑，眼睛就看不到了。炜森主要是因为眼睛特别小，杨昱主要是因为脸比较胖，眼睛上下的肉肉把眼睛挤得没地方了。在712班的这一年里，只要杨昱站起来回答问题，全班同学一般都会笑起来。我制止过，但我没办法。因为有时候我也忍不住想笑。这种感觉像我带的583班的谷海洋（我喊他小谷）带给我的那种感觉。

炜森现在是电子科技大学的学生，杨昱是武汉理工大学的学生。不知他们现在的同学能不能看清他们的眼睛。

第三拨来看我的是我教过一年的赵少达和没正式教过一天的赵少腾。

这俩娃儿是双胞胎。哥哥少腾，弟弟少达。少达跟我上过一年，是我2013年带的高二539班的一名再普通不过的学生。他入班时是班里的后几名，但我发现这孩子很有上进心，于是常常鼓励他。尤其在知道他的母亲也是一名老师，多年照顾着一身是病的姥姥，他的父亲为了照顾他们兄弟两个辞职做了楼管员之后，就更想为这个家庭做些什么了。少达的成绩越来越好，还获得过班里的卓越勋章。记得那次开家长会，他的妈妈彭老师看到自己儿子的桌子上赫然摆放着那枚卓越勋章，以及卓越勋章下进步之星等奖状时，眼眶里立刻盈满了泪水。

少腾的成绩比弟弟要差一些。第二年暑假，少达已经不是我班里的学生了，但他还是想让我给他点拨一下语文。他的哥哥少腾因为想参加天津的春季高考，也想让我帮他说说天津语文试题的特点。我欣然应允。记得那次他们两个来家里找我，正赶上我的腰扭了，我就扶着腰给两兄弟讲了一个多小时，分文不取，全凭情谊。

少达毕业后顺利考到了天津，少腾参加春季高考，语文考了天津市全市第三。两兄弟现在都在天津读书。这几年，两兄弟每年寒暑假都会来家里看我，每次都会提到我扶着腰给他们讲语文答题策略的情形。

两兄弟都是大高个儿，都戴着很时尚的帽子，长手长脚地坐在沙发上，跟我畅聊。虽然他们都很棒，但在我面前，还是会有些拘谨。我问他们姥姥现在身体如何，彭老师身体如何，他们说都挺好，我说一定代我向你们的姥姥问好，两兄弟连连答应。

前两天，少达把考研成功的截图发给了我。他给我发信息说："老师，我以全校第一名的成绩考上了研究生。若没有您，一定没有我的今天……"

还记得去年少达、新月他们几个到学校看我，因为当时我在带高三，且正赶上考试阅卷，特别忙，没空跟他们聊天，几个孩子就静静地在边上看我阅卷。我阅完了，他们也该走了。我抱歉地说："你看，也没能跟你们说上话。"他们笑着说："老师，这就是你的原生态呀，挺好的。"

第四拨来看望我的是一个人——杨帆。

杨帆是583班的学生，这孩子非常聪明，比同班大部分同学小两岁到三岁不等。按理说应该继续高歌猛进才是，没想到，一升入高三，这孩子却进入了叛逆期。没办法，谁让她太聪明，读书可以跳级呢？

原来家里不让看电视，现在宁肯不上学也要看电视。妈妈管得严，所以就不让妈妈回家，导致她的妈妈只能暂时睡在单位。现在说起来，非常孩子气，但当时她就是这样一根筋地向管控她多年的家庭宣战。我知道此事后暑假将她带到我家，和李老师轮番为她做心理疏导，半个月后，孩子好了很多。虽然中间也有过一些反复，但总算念完了高三，考入了上海外国语大学新闻系。

真的是学霸，就这么闹着情绪，还考上了这样一流的大学。

可是没想到的是，这孩子却选择了复读，她想考清华北大。记得那次去她的新班级看她，她像个小孩子一样（当然确实还是个孩子）抱着我不撒手，一个劲儿地说："老师，我挺好的，你放心吧，老师，我可想你了。"边说边流眼泪。我松开她，鼓励她忠于自己的选择，加油备战。

后来这孩子寒暑假也都会让她爸爸送她到我的家里来，有时还会住上一两天，两家人基本上都成亲戚了。这次也是如此，只不过是自己坐火车来的。头一天来，跟女儿在一个房间休息了一晚上，第二天傍晚坐火车走的。小帆以前常说的一句话就是"老师，我喜欢你们家的氛围"。这次她没说。我知道，她已经走过了那段难熬的叛逆期。

第五拨来看望我的是六个人，都是我带的539班的学生。

一脸疙瘩的孟佳轩和一笑就眼睛眯着的国丽妍是小组长。留着胡子的王广伟和小腹凸出的贾臻是劳动委员。一着急就结巴的王亚亮是我的课代表。到现在跟我说话还特别紧张的韩子和是什么？韩子和不任任何职务，是一个存在感很弱但特别听话的小男生。

他们六个来的时候，小帆还没走，一起聊了没一会儿，第六拨来看我的人来了。分别是我2017年带的670班的学习委员张睿思和同班的让我头疼了一年的闹将丁韩丰。这是什么组合？！

这样一来家里的沙发上就坐了男男女女高高低低来自四面八方不同班届的九个人。

刚才583和539都已介绍过，一个高三，一个高二。670班则是我2019年带的高二的一个班级。也就是说这九个人当中只有小帆是跟我念过高三的。

几个孩子先后告辞后，李老师吃惊地跟我说："被高三毕业班的学生记住很正常，被高二的学生记住，而且过了五六年还对老师念念不忘，太难得了！"

孟佳轩曾对我说："老师，您是第一个说我有领袖气质的人，就凭您这句话，我就得好好干！"他考了会计证、教师资格证等。他说他已做好充分的准备，目标只有一个——留在北京。佳轩为我带了一个卷轴，上面是请人写的赵子发的《阮郎归》，也就是含有我笔名"马蹄踏月响空山"的那首词。他说老师这首词我不是很懂，但知道你一定会喜欢。我很开心地收下了。

读长安大学的国丽妍研究的是地质学，已经研究到了很精深的领域，按她的说法属于合法的盗墓人员。读吉林大学的贾臻还是那么鬼马，读燕山大学的亚亮还是会结巴，子和还是有些腼腆，广伟的胡子依然茂盛。这四个孩子也都学得很好，干得很好，也都有自己的想法与打算，大部分在准备考研。正聊着，贾臻忽然说："老师，我的留言您看到了么？"我问什么留言。他说："就是您微博上的留言呀。我现在很后悔当时您带我们不是很顺利时，我却因为学习问题辞掉了劳动委员，让您失望。"我笑着说："原来是你小子给我写的留言！苦为师猜了这么久。不过，这有什么可自责的，你应该自责的是怎么把自己的体形搞成了这个样子。"我说完，大伙儿都笑了。

张睿思成绩一直很优异，丁韩丰成绩也不错，但几乎天天违纪。这小子还曾经产生过不参加高考走篮球特招的念头，幸亏他羸弱的身板儿和一般般的球技无法让他继续妄想。现在他在大学念得也很好，只是因为刚考入大学不久，无法在学哥学姐面前插上太多嘴，大部分时候是在一旁傻傻地笑。

我到现在也没问他为何会来看我，因为我批评他的次数实在太多了。而且这已经不是他第一次来看我了，高考一结束，他就和学委张睿思、学霸乔和田、671班的梁泽龙到我衡水湖的家里看过我。

是的，我到现在也不知道，但我也不会问。我相信，总有一天，韩丰会告诉我原因。

聊了很久，到了说再见的时候了。佳轩神神秘秘地拿出一张纸来，上面画着一棵树，枝杈上标有人名，以及聚会的时间。当我得知用意后，慎重地把我的名字写在了上面，并在后面标了当天的日期。佳轩说："老师，咱们要多见面。"我重重地点了点头。

子和到走也没说什么话，他只是很局促地窝在沙发里时而看看我，时而看看同学。在电梯里，他冲我挥着手，我知道他的眼神里有对我想说的话。

子和的这种风格很像我带的583班的刘成禹。成禹前年和去年都来家里看过我。跟同学们一起来时也是不怎么说话。但在送他进电梯时，他往往会湿了眼眶。这些不爱说话的孩子，总是让我又遗憾又感动。

大家都走了以后，小帆问我把桌子上的瓜子皮、水果皮和茶杯都清理到哪里。我说不用你管，她说她之所以留下来就是想帮我收拾完再走，我深深地看了看这个曾经无比叛逆的姑娘，欣慰地笑了。

第七拨来看望我的是三个人。还有贾臻，另外两个是对子班538班的王宇阔和他们班的一号刘又铭。这俩孩子我也只是教过他们高二一年，且不是我任班主任的班级。

他们三个是铁哥们儿。贾臻进门第一句话就是"老班儿，我又来了！"

王宇阔的书法很好，毕业时送过我一把扇子，上面是他写的孟浩然《春晓》一诗。这次他来向我请教如果想来衡中应聘的话需要做哪些准备。宇阔是这次来看望我的三人团的组织者，现在在杭州师范大学就读。他之前打电话问我是否有时间，方便的话想跟我聊聊，说话稳重，彬彬有礼。又铭还是那么羞涩，羞涩得让我一开始忘了他的名字，是贾臻提醒我才想起来。他在天津大学读书，成绩很是厉害。我觉得这还不是最厉害的，最厉害的是他这么厉害却还总是这么羞涩，这让那些不厉害的人们情何以堪。

第八拨来看我的是我带的2015届毕业生，535班的贺兴和吕德程，都在念大四。这样一来，我在衡中这些年教过的539、535、583、670、712班的学生都来齐了。

贺兴也是班上的劳动委员，大高个儿，特别爱笑。德程则总是严严肃肃。他们说他们是好兄弟。我在继张睿思和丁韩丰同来后，又吃了一惊。看来学生的世界，并不是那么容易懂的。

天南海北地聊，随心所欲地谈。不知不觉，到了说再见的时候，我指着他俩买来的东西说："以后再来的话不许送东西了，你们又不挣钱。"贺兴眯着笑眼说："老师，我马上就挣钱了，我考上了香港城市大学的博士，每月给发一万六千五百元港币。"德程也跟着说："老师，我考研应该问题不大，也有钱挣的，再来，要买更多的东西！"

直到走时，他们才透露了这些信息。看着这两个谦逊低调又自信满满的弟子，我除了骄傲，又能怎样呢？

不知不觉，两个多月过去了。回想这八拨共十九个来看望我的孩子那充满信任与温暖的面孔，回想我们聊到的一个又一个有意义或无意义的话题，回想和他们谈论原来班里的一些趣人趣事，回想看到他们或在车上或在路边或在电梯里冲我挥手作别的情形，我还是会幸福。

原来幸福，可以持续这么久。

我自认为自己并没有过分地付出过什么，我只是认真地走在教育之路上，只是用心去陪伴每一个明白自己是谁或者还不明白自己是谁的学生。仅此而已。可是，我竟收获了这样多的回馈与感动。

茫茫人海兮回头望，谁在身后兮随我行？相逢相知兮勤珍重。

人生苦短，聚散无凭。若有缘聚首，一定要温暖相拥。

是的，温暖相拥。

2019-04-25

后记：文章发表后，佳明给我发信息说她调专业成功了。四十个人录取十个，她顺利过关，可以上她最喜欢的心理学专业了。睿思说她和韩丰只是球友，她已经有男朋友了。她现在和男朋友的主要相处方式就是泡图书馆。韩丰说曾经恨过我，但现在想想自己上高二那年实在是让我费心了，所以该来看看。宇阔说他考研成功，已经被华师大中文系录取了。少达说特别怀念高二那一年，那是他最温暖最快乐的时光。佳轩说他脸上已经没什么疙瘩了，入了党，游览了全国各地，健身也特别注意，可以说能文能武。多金说自己高二时甚至不想读了，高三与我，与同学们在一起很开心……

2019-04-29

云中谁寄锦书来

8月11日下午,我曾工作过的武邑中学的学生杜哲加了我的微信。他2009年高中毕业,高二跟我念的。2013年大学毕业后就参加工作了,现在是国资委下面大连华润集团的一名员工。跟我一样,是两个女儿的爸爸。他说他关注了我的微信公众号,还把一些文章推荐给自己的妈妈和爱人阅读。他说:"在外面工作有时挺辛苦的,看着您写的文章,寻求点儿精神力量。"并给我发了一个握手的表情。我说:"人活着都不容易,何况有家有业的你我,理解。"他说:"是啊,看着父母、孩子,就得做一个积极奋斗的打工人。"我说:"幸福的打工人。"

8月12日上午,我收到了我带的2016届毕业生王贺甲的信息。他说:"张老师,我是583班毕业生王贺甲,不知道您还记得吗?时间如白驹过隙,转瞬即逝,我已经正式工作啦。现在每每看到老班的公众号的新文章都会收获良多,有时是鼓舞,有时是温暖,有时诙谐就权当一笑,有时深刻惹人含笑……祝老班工作顺利,身体健康,一切顺意!"我一看到"王贺甲"三个字就想起了那个留着平头说话爱皱眉的瘦高个儿男生。我回复说:"记得,好孩子!欢迎来衡!"

8月13日下午,弟子宗博从邯郸坐高铁来看我。宗博是我带的712班的学生,今年申请到了英国贝尔法斯特女王大学。直博,四年。我查了一下,这所学校在英国的综合排名是第19位。

宗博说:"现在疫情不明朗,不知道这一去何时才能回国来看老师。"在我印象中,宗博是一个白白净净开朗阳光的男孩子,这次见面,依然还是那么开朗阳光。他说女王大学宿舍一层有健身房,学生可以免费进入,自己一定不能浪费这难得的免费机会,好好健健身。他半认真半开玩笑的样子把我逗乐了。我俩儿聊了两个多小时,我得知他在念河北工业的几年中一直担任班长,得知今年全国报考研究生的人数达到了惊人的457万,比去年增加了80万,"二战"和"三战"的也为数不少。得知他原来想考天津大学的研究生,但正好碰上了这个出国留学的机会,于是努力考雅思,并拿到了支持他留学的分数。得知他修的是化工,并且是碳中和方面的化工研究。我说若真把这件事做好,可以称得上功在当代,利在千秋了。他说他会努力的,绿水青山就是金山银山嘛。我说家里是否舍得,他说老爸还行,老妈舍不得。

我给宗博切西瓜,孩子赶紧跑到厨房去帮我拿。给他倒水,他也赶紧双手接过。他把双手放在膝盖上,认认真真地听我说话。规规矩矩的样子特别可爱。转眼间,两个小时就过去了,我说孩子,咱俩儿合张影,他说必须合张影,再次见面,不知道什么时候了。

我把宗博送到楼下,看着他一米八五的青春背影,由衷地在心里双手合十说了一句:"谢谢你孩子,祝福!"

这些年我回复家长、朋友、学生的微信,常用双手合十这个表情。比如去年我给发信息给我拜年的弟子们回复的信息中都有"岁月静好,平安欢喜"这八个字,并配上了双手合十这个表情。人生祸福难料,每一天都需要感激,需要小心翼翼。对那些相信我们,惦念我们,理解我们的人，我们理应为他们送上祈愿与祝福。

拙作《踏月空山》2020年五一问世以来，很多弟子都买了这本书，有的告诉了我，有的没告诉我。就像有的弟子告诉我关注了我的微信公众号，有的则只是默默关注，一路同行。每当想起这些可爱可亲的弟子们，我的心里都满盈着感动。每个人单位时间之内的行走空间是非常有限的，而我，则基本上都是两点一线，就更有限了。大部分弟子我遇不到，但我知道他们其实就在网络的那一端，并很有可能会在一个他们认为对的时刻与我联系，甚至突然来到我的面前，用一声"老师"唤醒我的所有记忆。这让我身心温暖。

前段时间看了电视剧《棋魂》。方绪因为俞晓旸将其逐出师门而酩酊大醉并与人打架，看着他鼻青脸肿的样子，我非常心疼。看到他后来一步步步入正途后再喊老师而俞晓旸没有纠正的那份欢喜，我更加心疼。这几天我一直在想，我如此平凡，凭什么可以收获这么多的好孩子对我的这份认可与惦念呢？

茫茫宇宙之中，地球如一粒尘埃，与弟子们相遇，我相信一定是上天的安排。

云中谁寄锦书来？其实是谁都不重要，他们都是我的弟子，都是上天派到我生命中的天使。

孩子们，谢谢你们。（双手合十）

2022-08-16

倾盖如故

去年 5 月 2 日，弟子孟宏丽来看我，她是从杭州坐火车过来的，没有先回张家口老家，先到的衡水。

宏丽 2016 年高中毕业，就读于浙江大学，毕业后保研。

2015—2016 学年，我是高三 583 班的班主任，任 582、583 两个班的语文课，不过在化学竞赛生分进实验班之前，我还给他们上了一个多月的课。也就是说，那段时间我每天要上三节课。宏丽，就是化奥生。

我还记得给他们上第一节课之前，教室里热闹非常，我提议跟他们玩儿一把飞花令，结果我把他们给赢了。第二节课上课之前跟他们玩儿了一把成语接龙，快输了，因为要超五秒了，我就故意扯东扯西，想到要接的成语了才扯回来，于是又把他们给赢了。我说："老师狡猾吧？"他们说："太狡猾了。"师生哈哈大笑。然后我宣布上课，我敢说，没有一个走神儿的。

一个多月后分班，宏丽没分到我任课的两个班级。我还记得分班结果出来那天宏丽跑到备课区找我道别的情形。她是个沉默寡言的孩子，一说话就会局促，脸红。她说："老师，我没分到您的班……"还没说完，眼圈已经红了。我站起来拍着她的肩膀说："还是每天都能见面呀，你的语文老师特别棒，比我优秀。"她抹抹眼泪，挤出几丝笑容说："老师，我都懂，我会好好学习的。"停顿片刻又深鞠一躬说："谢谢老师！"

高三一年，每次在教学楼楼道或备课区碰面，她都会说一声老师好，我也会回复宏丽你好。高三结束，宏丽去念大学，一别五年，中间加了微信，然后，就是去年 5 月 2 日的那次重逢。

宏丽没什么变化，只是头发从短发变成了长发。她还是那样沉默寡言，说话会局促、脸红。浙大软科排名全国第三。2022 年软科世界大学学术排名榜中清华是 26，北大是 34，浙大是 36，上海交大是 54，中科大是 62，复旦是 67。宏丽在如此优秀的大学就读，却丝毫没有骄矜之色，一如既往的谦逊内敛。我们聊了很多，基本上都是我问她答。有个问题我一直很想问，那就是"只给你上了一个多月的课，为什么想起来要来看老师？"但最终没问出口。我想，时间会给我答案。

有人口社会科学家这样说："人与人沟通的比率非常小，两个陌生的人能够见面就是十几万分之一，倘若能说上一句话将是几十万分之一，如果能够成为朋友几率将是百万分之一，若成为知己几率将是千万分之一。"

两个人可能同事了好多年，却白首如新；也可能仅仅聚首了没几天，却倾盖如故。

周国平给的交友原则是"尊重他人，亲疏随缘"。那毫无疑问，宏丽，以及像宏丽一样在考入大学之后依然想回过头来看老师一眼的弟子们，都是我的有缘人。

当老师的，本应该习惯曲倦灯残，星星自散。但若有一些星星愿意故地重游，那自然是满心欢喜之事。

浮云一别，流水五年。人生匆匆，聚散无凭。

宏丽起身告辞，她要回家看望爹娘了。我起身相送，我说下次别下午来，上午过来，然后我请你吃饭。宏丽微笑着用力点头说："嗯嗯。"然后挥手与我再见。

转眼一年多过去了，今天想起这件事来，还是有诸多感慨。泰戈尔说："天空不留下鸟的痕迹，但我已飞过。"可话虽如此，如果能留一些痕迹，当然更好。我不知道宏丽因为哪件小事儿或哪些小事儿而将我视作她的故乡之一。人与人之间的磁场，是多么奇妙呀。

2022-08-18

生命中最动人的时刻

2021年7月9号,若思来看我,衡水的佳轩和庞超陪她来的。三人2013—2014学年念高二时在我的班。

卢若思在我印象中是个英姿飒爽的女孩子,这次重逢,感觉英气少了,秀气多了。她把一大束花捧给我说:"想你,老师!"我双手接过,幸福地看着他们三个。佳轩在北京建筑大学读研,庞超成了我的同事,若思2019年天津大学毕业后在建设银行工作了一年,然后辞职备战考研一年,最后考上了中科大高能物理研究所,研究的领域是电子信息。

跟三个孩子聊了几句就到了午饭时间,我说这样,咱们到我衡水湖这边家里简单吃顿饭,我去给大家买速冻饺。问他们喜欢吃什么馅的,他们说都行。于是买了牛肉、猪肉和素三鲜三种馅的。各煮了两大盘,我督促他们吃吃吃,并限定任务,必须吃够多少个才行。我们四个一边吃饺子一边喝胡萝卜汁,一边聊天。时间过得飞快,吃完饭,三个孩子要走,怕打扰我休息,影响下午上课。我说那好吧,佳轩和庞超照顾好若思,我去查个宿舍。若思说:"老师,一定要注意身体呀。"我点了点头说：“放心吧，老师没问题的！”我说完，他们三个都笑了。

三个孩子从来到走，还不到两个小时的时间。佳轩和庞超我见得比较多，和若思，却已经是七年不见。七年了，时间足以把一个少年雕琢成一个青年。这七年中，若思读过什么书，走过什么路，受过什么苦，我大多是不知道的。我只知道七年来她还记得我，想来看看我，并在这一天把一大束花递到我面前。

《西游记》第62回，唐僧要去扫塔，悟空说："塔上既被血雨所污，又况日久无光，恐生恶物，一则夜静风寒，又没个伴侣，自去恐有差池，老孙与你同上如何？"三藏道："甚好！甚好！"唐僧扫了七层，既困且倦，悟空想替师傅扫，唐僧说："是必扫了，方趁本愿。"他又扫了三层，因腰酸腿痛实在无法继续才让悟空替他扫剩下的三层。《西游记》中唐僧与悟空师徒间的互动有很多，在我看来，这是他们师徒互动中最为动人的一刻。师傅虔敬扫塔，徒弟温暖追随。唐僧扫塔，是出自对佛的敬畏，或者说是对信仰的敬畏，你看他又是沐浴，又是拿新扫帚，又是能坚持即坚持。悟空追随，是出自对师傅的关怀，你看他又是怕师傅孤单，又是担心师傅有差池，又是心疼师傅劳苦。庄严寂静的佛塔，心有默契的师徒，扫帚的传递，亦是信仰的传承。那晚的夜色，一定很温柔。

我觉得，一个富有的人，一定是拥有过或正拥有着那些动人时刻的人。这样的时刻越多，这个人就越富有。唐僧是富有的，我也是。

桃李春风，江湖夜雨。七年来各居一地，然后一方为了不到两个小时的重逢远道而来。当若思把花递到我手中并说出"想你，老师"这四个字时，那无疑是我生命中最动人的时刻之一。

2022-08-27

此去经年

  2022 年 1 月 24 号寒假期间，培智到家里来看我。他穿一件大衣，里面是一件绿毛衫，儒雅清新，再配上 190 的身高，站在那里，就是那个成语形容的样子，那个成语叫"玉树临风"。

  孙培智是我带高二 539 班时的老学生了，那是 2013—2014 学年，培智是班长，与若思同班，与我，已是八年不见。培智在 2015 年高考中是整个衡中普通班的第一名，他考了整整 700 分，可以录到北大的医学部，最终去了中科大。他的分数在实验班也是数得着的名次，可以称得上"人在普通，心在巅峰"了。因为高三不带他，所以毕业后就断了联系。这次他来，当然要抓住机会问问他当年是怎么做到考 700 分的，也好给下面的师弟师妹们留下些"精神财富"。他谦虚地说其实就是相信自己，然后不断优化。心态优化，偏科优化。我沉下心想，其实有这两点也确实就足够了，相信自己才有决心与毅力坚持下去，不断优化才能使自己越来越接近那个想成为的自己。心态优化便能与自己和解，偏科优化便能去追求卓越。

我发现，很多所谓学习窍门其实都可以归结为一句话——聪明人肯下笨功夫。再厉害的学生，也是一道难题一道难题去啃的，一个类型一个类型去构建体系的，没有任何捷径。如果非要说有，那么带着脑子的努力就是捷径，没有之一。

培智问我是如何保持一个高频率且高质量的写作输出的，我说高质量谈不上，但确实写文章的笔没有放下过。我说首先是喜欢，写作已经成为我生活甚至生命的一部分；其次是多积累，我给他看了我的八大本摘抄；最后就是多练笔，不能懒。我跟培智说写作给我带来的最大好处不是把岁月和感悟记录下来，而是它让我具备了一种想静下来就静下来的能力。只要想静下来就能静下来，不光写作，很多事情都可以投入地去做，真正投入去做的话，应该都可以做出一点儿成绩。而现在的人最需要的就是随时静下来的能力，因为世界太躁了，身边太吵了。培智点头表示认同。

他问我是如何让自己看起来比实际年龄要年轻的，我说这个问题确实不少人问过我，我一不用护肤品，二还长年早起晚睡，按理说应该比实际年龄沧桑一些，但我一个是愿意用喜欢的眼光看待世界，一个就是有意识地进行自我更新。愿意喜欢世界，面容就比较舒展；经常自我更新，精气神儿就比较足。我说我特别喜欢村上春树在其《海边的卡夫卡》中的一句话"一觉醒来，你将成为新世界的一部分"。培智重复了一遍我说的这句话。他说老师你说得对，只要不断自我更新，这个人就永远年轻。向您学习，每年让自己学一点儿东西，比如先把健步这件事抓起来。

我俩儿还交流了做平板支撑的一些心得体会，培智还跟我说了想夫北京陪女朋友过春节的事，我俩儿喝着咖啡，谈兴只增不减。一开始是我给他倒咖啡，后来每次看我喝了半杯了他就会给我加入热的。他会一手扶住壶盖，一手倒咖啡，很小心，也很恭敬。我说："你老妈愿意让你去北京过春节么？"他说："妈妈很理解。"说完就羞涩地笑了。

今天无意中发现培智的微信签名是"一觉醒来，你将成为新世界的一部分"。我心头一动，想起了那天我俩儿的谈话，于是提笔写下了这篇文章。

当时培智说："老师，今天到您这里来，我又收获了好多。"八年了，也不知再过一些年，我还是否具备回答这些弟子们提出的问题的能力，他们的学识与见识应该都已经超越了我，甚至说远胜于我。那么到那个时候，我还能跟孩子们说些什么呢？虽然我确实还在努力奔跑，努力汲取，但他们的天空确实比我要开阔得多。

最近两年，我的白发逐渐攻城略地，我四十岁了，已是不惑之年。孩子们来看我时都很谦逊，他们依然把我当作那个他们认为的无所不知的张老师，但我自己知道，我需要更加努力地去奔跑和汲取。《卡特教练》中有一句台词"我们不自觉地影响到身边的人，让他们也能这么做"。我想，再过一些年，弟子们从我这里也许什么都学不到了，但至少还能看到他们的老师依然怀着本领恐慌奔跑在路上，不曾停歇。

我也许没有多少进步，但至少还在进取。想到这一点，我的心里安稳了好多。

今天，我现在所带的学生开学了，看着他们，我想起了那么多我曾经带过的学生。比如近两年来看我的培智、若思、佳轩、宗博、英东、涵宇、宏丽、健颖、少达等等等等。他们都那么优秀，又那么懂事。

魏书生老师说当老师有三种幸福是其他行业给不了的，一是各类人才，二是真挚的感情，三是创造性的劳动成果，这里面我最看重的是感情。原来在武邑中学带的第一拨学生中的志媛（也是班长）早已经成了我的朋友，虽然她每次都喊我"帅老班儿"，但我让闺女喊她的却是"志媛阿姨"。她家孩子和我家二闺女一样大。我们两家会时不时凑一起吃个饭。我的很多老学生都已经成家立业了。他们像一朵朵小花开放在这里或那里，开放在我知道或不知道的地方。有时候出差去外地我就会想，这里是不是有我的学生呢？这样一想，就觉得那个地方亲切了起来。我的感觉和我的学生是相似的，记得一个孩子跟我说："老师，一想到衡水有您，就觉得衡水这个地方很美好。"我很珍惜这句评价。

  此去经年，蓦然回首，那么多光阴的故事原来一直都在，不远不近。认真活着，用心爱着，同时被爱，这应该就是幸福吧。

2022-08-31

重逢的时候

上周四上午,我正在二楼空教室看一个录课的样片,同组的陈老师给我发微信说有个学生找我,叫赵玉倩,我当时完全是懵的,一点儿都记不起来。一会儿,陈老师把人带到我面前,我还是想不起来。来人说老师,我是您的第一届毕业生,武邑中学,2009届的。我说那时候头发是不是没这么长,她说一直比较短,照毕业照的时候才梳了个小揪儿。她说老师,我还是班里的劳动委员呢。她一说这个小揪儿,我总算想起来了一点儿,再说劳动委员,我的记忆就一点点儿复苏了。

她说这次她是和部分老师到衡中来学习交流的,无意间在这里看到了我主编的那本《衡中家长育人故事》,才打听着找到了我。她说老师,您真的一点都没变。我说怎么可能,你看老师这白头发。你们2009年毕业,现在是2022年,已经过去13年了,我来衡中也已经9年了,怎会没变化呢。她问我几个孩子,我说两个。她说记得当时您家老大也没多大,我说是呀,你们毕业那年她才一周岁,现在都上高一了。然后我们师徒俩就又感慨了好一阵时光飞逝。通过聊天我知道,玉倩1989年生人，只比我小七岁，2013年大学毕业后在我老家的深州中学教书，现在已是她们学校地理中心教研室的副主任了，还任着班主任，她也已经是两个孩子的妈妈了。

玉倩说老师您还记得么，有一次年级搞挑战一周零违纪的活动，咱们班第一天就有违纪的，但您不说破，一直鼓励我们说同学们表现得很好，直到周日开班会的时候才说出此事。我说记得呀。玉倩说当时我们都很诧异，后来您说那是因为怕班级出现破窗效应，我们才明白了。我说是呀，虽然咱们班没有挑战成功，但也只有那一例违纪，也是整个年级违纪最少的班级了。玉倩说老师您知道么，那一年跟您学的知识倒在其次，主要是懂得了好多做人的道理，自己当班主任后，我就把您带班的那些方法加以运用，真的特别好！她说到这儿，我们两个都笑了。

我问她深州中学教数学的张艳如老师还在不在，她说在呀。我说那是我高中最重要的一位数学老师，没想到你们现在成了同事。我说张老师是不是还是那么严肃严谨，她说是的，干工作有板有眼，时间观念特别强，比班主任到位都早。我一边听她说一边想艳如老师2001年给予我的特别辅导。看着玉倩，就更觉得缘分这件事真的是太奇妙了。

玉倩说起当劳委的时候，曾主动跟内务扣分的同学罚站；说起我曾和她结伴回宿舍，与她沟通思想；说起英语老师因晚上照顾小孩儿休息不好常常早读时打呵欠；说起其他的我们两个关于0667班的共同记忆……

聊了一会儿，她的同事找她去参会。我们加了微信，合了张影。这张合影是我与我最老学生的合影。

送走玉倩，我的心情久久不能平静。2009年，发生了太多事。年初，我参加了衡水市优质课大赛的复赛，并最终取得了二等奖。当时武邑中学中每个学科选送了一人，也就是九人。最终取得二等奖的仅有两人，三等奖的三人。其他的为参与奖。也就在这段时间，我获得了衡水市优秀班主任的称号。

　　记得2月26日，高三年级举行了百日誓师仪式，我也利用当天晚上的班会给学生们进一步鼓舞士气。我跟弟子们说我们一定能冲进前三名。4月份，学生们进行了体检；5月份，照了毕业照；然后，就到了6月。

　　一模二模三模都已经过去，只剩下高考了。考前的最后一讲，我把一年来讲的所有古文和散文都回忆了一遍，并告诉弟子们要传承我们的传统文化，不荒废青春，不辜负生命。最后，我给孩子们每人发了一支武邑中学的纪念笔为他们壮行。

　　从6月6日晚到6月8日高考结束，领导要求所有高三班主任必须24小时开机，以应对突发状况。我心说可千万别出什么乱子啊。可是怕什么就来什么。6月7日早上7点多钟，正在吃早饭的我接到电话，说我班里的李娜小腹疼得厉害，必须去医院。我赶紧骑摩托车到女生宿舍，接上李娜往医院赶。到了医院B超室做检查，看是不是结石，是结石的话立马碎掉。结果不是结石。医生说可能是精神压力过大所致，给开了点儿药。我一看时间，已经8点半了。这时候周校长听说消息后也赶到了。李娜上了周校长的车，由周校长送到了考场。我这心半天都悬着，心想孩子你可得坚持住啊。语文考完散场，我赶紧在学生群里找李娜，看她脸色还可以。我说怎么样，她说老师我觉得还是有点儿疼，不过基本没事了。我的心这才落了地。中午吃过午饭，刚想躺下休息一会儿，又接到电话说李娜小腹疼得厉害。我又骑着摩托车把李娜带到医院，到了医院我就给她家里打电话。这么疼下去也不是个办法呀。医院给做了检查说真没什么事儿，这会儿李娜也觉得没那么疼了。下午考完，她的父亲和弟弟赶到了，把她接到了市里，说第二天考试前再送回来。

　　李娜的事刚告一段落，晚上郑琳又呕吐起来，我又带着郑琳去医务

| 重逢的时候 |

室。6月7日晚10点到6月8日凌晨2点还是我的班主任值班时间。我真有些吃不消了，但孩子们的高考更重要，必须咬牙坚持着。

第二天从早上一直到下午外语考完，一切顺利。学生们收拾东西的时候，天下起了雨，一开始淅淅沥沥，我没带雨具就去了学生宿舍，和孩子们告别。没想到那雨越下越大，后来就成了瓢泼大雨。碰到了李娜，我刚要问她考得怎么样，她就皱着眉跟我说她的准考证和身份证都丢了。看我能不能帮着找找。我说我尽力，说完我就跑到挨宿舍捡东西的大妈们跟前一个个地问她们是不是看到了一个准考证和一个身份证。她们都说没有。很快我就被雨水淋透了，正着急呢，我班俩男生跑过来跟我说他们在操场附近的地上捡到了证件。我那个高兴劲儿就甭提了。刚把证件揣兜里，就接到了一个电话，是我班边二松的家长打来的，说他们到孩子宿舍却发现孩子不在，行李也没了，请我帮着找找孩子。我二话不说又冲到雨里找边二松，碰到班上的学生就问是不是看到他了。正找呢，孩子的家长打过电话来说找到他了，我这才喘了口气。

学生们都走了，我像个落汤鸡一样筋疲力尽地回到家里，晚上就拉了肚子，跑厕所跑了十几趟，第二天眼窝就陷下去了。在我熟睡的时候，李娜到了我家，拿走了证件。醒来后家人告诉我，李娜听说你病了，孩子眼泪流下来了。

我带第一届毕业班的生涯就在这心急火燎的奔忙中结束了。

高考成绩出来了，0667班全班83人，本一上线57人，超学校定的指标数11人，本二上线24人，本三2人，600分及以上22人，总成绩在复习理班中排名第三！我们真的考到了前三名，我没看错0667，我也没看错我自己！我带的两个班语文平均分0667班是106.3，0668班是106.6，是复习班的前两名，只比实验班的平均分低2分多一点儿。我到现在还记得弟子们一个个把成绩发到我手机上，我激动得手舞足蹈的情形，还有什么比自己带出来的学生考得好更让人骄傲的事呢？何况，那还是我的第一届毕业生呢。

高考期间这些事尤其是李娜同学的事我没跟0667班的任何同学讲过，当然也包括玉倩。真的没想到会有这次13年后的重逢，让我所有的记忆都醒了过来。

我一直觉得为人师者，但行好事，莫问前程。凭良心做事，用真心传道就够了。至于能让学生记住，算是一种奢望，并不强求。这些年我见过或听过太多谩骂老师的，诋毁老师的，侮辱老师的，当然大多是在暗处射来冰冷的弩箭，有的用语非常恶毒。我不否认这个群体中有不够好的老师存在，但最近某网课老师遭遇网暴猝死的消息还是将我深深刺痛。我呼吁所有学生能给老师们一个证明他（她）在爱你的机会。我想，如果李娜没有丢证件，她一定不会知道她的老师会在大雨中去寻找。就像2010年，如果白同学没有晚上阑尾炎发作，他也一定不会知道他的老师会在雪天半背半扶着把他弄到医院。

那天晚上，我带的0762班的白同学肚子疼得厉害。我得知消息赶过去的时候，孩子在床上已经疼得蜷作一团。班长申州和另外两个同学正守着他。我赶紧给县医院打电话，人家不接，又给中医院打电话，还是没人接。值班室的师傅说以前也有班主任碰到过这种情况，这冰天雪地的，人家怕翻车不愿意来。没办法，我只好和申州走着送他去县医院。深一脚，浅一脚，折腾了一个多小时，凌晨2点多，总算把孩子给弄到医院了。挂了急诊，输上了液，赶紧给他家里打电话汇报情况。

诊疗室屋里就两张床，白同学睡一张，申州睡一张，我在两张床中间溜达，因为暖气不热，溜达着还暖和点儿。凌晨5点多，白同学的父亲从保定赶到了，我总算松了口气。家长千恩万谢，白同学也一个劲儿地说谢谢。事后有同学跟我说白同学没少在背地里骂我，因为我总因他违纪批评他，我一笑了之。记得有一次开班会的时候我跟0762班的同学们说："今天，臭骂你一顿的是我；明天，拼尽全力去帮你的，也会是我。"

  过往如烟，世事苍茫。我真心想劝所有人善良，尤其师生之间。因为只有这样，在重逢的时候，我们才能一起回忆那么多美好的过往，才能再一次慨叹缘分的神奇，才能再一次相信岁月有情而你我有爱，才能再一次感恩老天所赐予我们的这师徒一场。

2022-11-03

跋

有我和没有我会不太一样

今天走去教室的路上，我一路哼着歌儿，我知道自己想通过这次班会传达给学生们一些什么，我有些迫不及待了，这种心情让我的眼睛发亮。

我喜欢传达给学生们一些东西，我觉得自己还做不了他们成长途中的指路人，更不奢望自己成为弟子们的苦海明灯。我只希望给他们一些过来人的建议，让他们少走一点儿弯路就好。

我喜欢跟他们叨叨，我喜欢把我思想上的一点收获与他们分享，我喜欢看到他们被我的一些话语打动后陷入沉思的样子。

我喜欢抱着胳膊面带微笑地在教室里走来走去，弟子们都是那么可爱，他们犯起错误来都是那么有创意，我实在没有必要板着个脸，那样只会让自己显得更老。

一首歌很好听，我一定要为弟子们放一放；一句名言很有道理，我

| 跋 |

一定要给他们解读解读；一则新闻特别值得被了解，我一定要带着学生去触摸窗外的世界；到了不吐不快的时候，我也可能来一段即兴演讲。

我喜欢逗弟子们笑，充满笑声的课堂是美好的课堂，尤其是班会课。

我喜欢把自己的一些经历告诉他们，我的故事因有这么多听众而有了鲜活的生命。

我喜欢把自己喜欢的一些文章读给他们听，我喜欢在后面加上我粗浅的感悟，只为让他们也能用心地读一读，沉下心想一想。

我会经常跟他们说世界是可爱的，人生是有趣的。我会经常跟他们说做好手中事，珍惜眼前人，因为这是我不变的心声。

我喜欢把自己最好的一面展示给他们，让他们觉得做人做事就应该是这样。

弟子们总会走的，但他们可能会记得我在课堂上讲过的一个笑话或是在班会上叙述的一个故事。

教育是农业，不是工业。教育者需要有足够的耐心，受教育者也是如此。这本书中的很多建议并不新鲜，但你若愿意虔诚地去耕耘，便很有可能迎来满满的收获。

再过许多年，谁都不可能再是当初的模样，但只要我们努力去扮演好自己选择的角色，那么人生就可以精彩非常。

我知道自己并不完美，甚至可以说缺点多多，但我还是觉得，有我和没有我，对一些人来讲，会不太一样。